KB127244

아홉수, 까미노

스물아홉, 인생의 느낌표를 만들고 싶어 떠난

산티아고 순례길

김강은 지음

푸른향기
Pkeybook Publishing Co

어느덧 내 나이 29세.
내일 모레가 서른이라니, 믿기지 않는다.

Hi?

헉?!
왜 벌써 왔어?!

콰 — 앙

어린 시절, 서른이 되면
대단한 어른이 되어 있을 줄 알았다.

멋지고
유명한 화가가
되겠지?

깜찟국

드림킹

아니, 대단하진 않더라도
적어도 내 인생에 확신이 있는
어른이 될 줄 알았다.

현실

이상

그러나,
지금의 내 모습과는 거리가 멀다.

안정

자유

그래도 안정적임 보다는
자유가 더 소중하다고 믿었기에

camino de Santiago

그 자유를 찾아
2년전 떠났던 산티아고 순례길.

그 길에는
사랑하는 연인과 함께였다.

그러나 예상치 못한 갈등,
계속되는 다툼은 두사람을 힘들고 아프게 했고

결국 그것을 계기로
각자의 길을 걷게 되었다.

까미노 1년 후

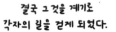

좋은 경험이라 후회는 없지만
나와의 약속들, 하고 싶었던 것, 관계
그 무엇하나 제대로 지켜내지 못한 그 길이
쉽사리 지워지지 않는 아쉬움으로 남았다.

실패

실연

기록하기
실패

그림그리기
실패

상처

그런데 생각해보니
내 삶은 항상 그런식이었다.

꿈

실천

나와의 작은 약속 하나
지켜내지 못하면서 그럴듯한 꿈만 꾸는 삶.

30을 앞둔 나이,
안정적인 삶을 원하진 않지만
스스로의 삶을 막연한 물음표로 남겨두고 싶진 않았다.

적어도 삶에
작은 느낌표들은 찍으며 살고싶다.

마침
내게는 3년간 회사에 속해 앞만보고 달려온
17년지기 친구가 있었고

'우리의 삶이 이대로 흘러가도 괜찮은걸까?'
라는 고민을 나누다가

문득,
이대론 안되겠다는 생각이 들었다.

그녀에게 필요한 건 쉼표,
나는 느낌표

각각 조금은 다른 이유를 가졌지만
우리에게 필요한 것은
바삐 돌아가는 삶의 굴레에서 빠져나와
삶을 재정비하는 시간.

아쉬움으로 남겨진 산티아고 순례길을
다시 걷고 싶었다.

그 길로 돌아가서
다시 시작해볼까

그녀에게도
필요한
길이잖아

그래서
급작스럽게 그녀에게 건넨 나의제안

나랑,
산티아고 순례길
걷지 않을래?!

화들짝

비장

그리고 돌아온 그녀의 대답은

콜!

까짓 거
퇴사하지 뭐!

기 얏호!

어쩌면 가장 애매하고
어찌보면 가장 불안한 나이,
"아홉수"

그렇게
나는 17년지기 친구와 함께
두번째 산티아고순례길에 올랐다.

santiago

아홉수
까미노

9

산티아고 순례길, 준비는 이렇게!

착화감 외에도 무게, 발목이 있는지 없는지,
쿠셔닝 등을 고려해 자신의 취향과 조건에 맞게
선택 하되, 방수가 되는 고어텍스제품을 추천할게!

나는 쿠셔닝 좋은
트레킹화!

난 발목이 약하니
발목있는 중등산화!

3. 스틱

가장 중요한 준비물 세번째, 바로 스틱이야!
하루에 2~30km 씩 30일을 걷는 순례길에서
스틱은 건강보험과 같은 존재지!

당신의 도가니는
소둥하니까요★

찡

굿

70%

절약한
30%

어르신들이 쓰는것으로 생각하거나
불편하다고 안쓰는 경우가 많은데, 스틱사용으로
관절과 근육을 보호할 뿐만 아니라
다리의 힘을 30%나 절약할 수 있다는 사실!

4. 침낭

순례자 숙소에서 사용할 침낭은 가볍고 부피가 적은 것으로
준비하자! 쌀쌀한 밤에 체온유지는 물론,
베드버그에 대한 노출을 줄일 수 있어!

침낭 밖은
위험해♥

안되겠다!
일단 후퇴!

겨울철이
아니라면
싸고 가벼운 것
OK!

5. 기능성 의류

스포츠
브라

콜맥스
나 스마트
울 양말

옷은 티셔츠 2장, 레깅스(긴바지)1개, 반바지1개
편하게 입을 잠옷 하나정도로도 충분해!
재질은 면보다는 기능성 (속건성, 쿨맥스 등 스포츠의류)이
땀도 잘 마르고 빨래하기도 훨씬 수월하다는 것!

6. 모자, 선크림

태양의 나라 스페인에서 잘익은 인간숯불이
되고 싶지 않다면, 모자와 선크림은 필수인 것, 알지?!

선크림은
스틱 타실이
덧 바르기 쉬움!

으악

푸
욱

오락

욱-

7. 방한복

스페인은 건조하고 일교차가 커서 밤이 되거나,
비가 내리거나, 혹은 높은지대에 올라가면 써늘해져.
가벼운 경량패딩을 챙겨서 톡시 모를 상황을 대비하자!

판초우의 →

추워더윈 두렵지 않아~!

방수되는
경량 패딩 →

8. 바늘과실, 바세린

산티아고 순례길 최대의 적은 바로 물집!
물집이 생기지 않도록 미리 미리 바세린을 발라주고
만약 생겼다면 바늘과실을 이용하여 물을 빼고 치료하자!

사후
처리~

삐어억뿡~

뽕!

물집

Vaseline

9. 슬리퍼

걷기일정을 마친 후 편하게 신을 꾸리나슬리퍼는
매우 유용하겠지? 나의 경우 트레킹 샌들을
슬리퍼 겸용으로 가져갔어!

가즈
아~

이
해방감-!

꺄!

앙

날아갈것
같아-!

이전 나만의 노하우인데,
까미노를 걷다가 ⅓ 정도 남았을때 등산화 대신
트레킹 샌들을 신고걸으면 일정을 처음 시작하는 것처럼
발이 가볍고 상쾌한 기분이 든다구!

10. 카메라

애층의

어디
던진 태현
던져보시지!

그것

사진을 찍는 것을 너무 좋아하는 내게
카메라는 후회없는 선택이었지만
대대로 집어던지고픈 순간이 있었던 전
부정할수 없는 팩트!

카메라
가져왔는데
한번도 안꺼내봤어요

버릴수도 없고
석 이익~

내게 정말 필요한 것인지, 신중히 생각해 봐야돼!
그리고 카메라를 챙기기로 했다면 주저없이 찍을것!
까미노가 끝난후 사진을 보면, 그 모든 것을 보상받을거야.

무엇보다 까미노를 즐기려면
짐이 지나치게 무거워서는 안되겠지?
그러니 정말 필요한 것들로 최소화 하고,
배낭은 8kg 이하로 꾸리자!

가벼운 만큼,
길이 즐거워질 거야!

부디 나같이
메고 오지 마...

뚝쉬

화악

14kg

자, 짐을 다 꾸렸으면 이제
우리의 까미노 이야기 속으로 따라올 준비됐지?
그럼, 지금부터 시작할게!!

렛츠고!

팔로

팔로미!

차 례

➡ 프롤로그 6
➡ 산티아고순례길 준비는 이렇게 12

Day 0   첫 경험은 언제나 강렬하다 20

➡ 생장에 도착하면 해야 할 것 26

Day 1   짓궂은 날씨요정 30   피레네는 역시 피레네였다 32 나의 행복이 곧 법이
되는 곳 32

Day 2   푸른 새벽 찰박찰박 발걸음 소리가 38   알베르게에서 아렌과 함께 저
녁을 만들어 먹다 39

Day 3   정열의 빨간 군단, 산페르민 축제 43   엔조이 팜플로나! 45

Day 4   프랑스길, 사랑스러운 연인 같은 48   너와 함께라서 참 다행이야 49
다국적 순례자들의 공통점 52

Day 5   45km를 걸어 팜플로나까지 간 승령 55   수빈의 홀로서기 57

➡ 산티아고순례길, 여자 혼자서 걸어도 되나요? 60

Day 6   홀로걷기, 어른연습 64   평범함이 특별함으로 66   작은 마을을 사랑하게
된 이유 68

Day 7   When we were young 70 혼자 갈까, 두고 갈까? 73 3제곱미터의
         행복 반경 76

Day 8   자연친화적인 길 78 아스따루에고! 81

Day 9   라인이 아닌, 스스로의 선택 84 밀밭 사이로 춤추는 그림들 86

         ➡ 내 그림을 사랑하게 된 이유 90

Day 10   서양식 상남자의 고백법(?) 94   세 번째 까미노를 하게 된 사연 96
         눈물의 재회 99

Day 11   오만 또는 편견 104

Day 12   뭐 어쩌겠어, 스페인인 걸! 109 메세타의 시작 110 기분 좋은 탐색전 114

         ➡ 까미노의 교훈 118

Day 13   근육통과 세 개의 물집으로 신고식을 치르다 122   순례자메뉴와 보랏빛
         밤 126

Day 14   인생은 작고 큰 언덕의 연속 131 배낭의 무게를 느끼며 걷는 길 135

Day 15   까마득한 어둠의 한복판에서 138 우리의 목적은 완주가 아니야 140

➥ 수녀들의 환영인사 144

Day 16   길 위의 수집가들 149   김칫국 드링킹 게임 151

Day 17   포기는 또 다른 이름의 용기 156   몸의 소리에 귀를 기울여라 159

Day 18   허용된 게으름 162   그녀의 까미노, 나의 까미노 164

Day 19   까미노의 무릉도원 168   플루 할머니의 눈물 170

➥ 커뮤니티 알베르게 174

Day 20   오르비고의 아름다운 다리 178   세상은 기브 앤 테이크 179

Day 21   순례자의 최후 183   두 개의 마음 185

Day 22   내려놓아야만 알 수 있는 것들 187   지금이 아니면 또 언제 하겠어 189
          나에게 건네는 칭찬 192

Day 23   후회 없는 사치 193   한번 엮이면 끝까지 가는 거야 194

➥ 할아버지의 특별한 초대 200

Day 24   불청객이 찾아왔다 204   산꼭대기 마을의 선물 206

Day 25   어둠 속에서 번뜩이는 눈동자 210   여자 셋, 남자 하나 212   '미안해' 대신 '고마워' 215

Day 26   영락없는 한국인 218   당나귀의 절규 220

Day 27   우리가 가장 그리워 할 시간 224

Day 28   이 길을 후회 없이 즐기려면? 229   열사병을 이겨낸 힘 230

Day 29   두 번째 까미노 235   이 길이 끝나지 않기를 236

           산티아고 전야제 240

Day 30   산티아고를 향하여 244   산티아고 데 콤포스텔라, 길의 끝에서 247

           치욕의 피스테라 252
           우리가 지켜야 할 까미노 256
           산티아고에 내가 찾던 정답은 없었다 260

까미노 프란세스 지도 264

첫 경험은 언제나 강렬하다

까미노의 출발점이자 첫 마을 생장은 우리를 들뜨게 했다. 어릴 적 읽었던 모 험기 속 오래도록 상상으로만 그려왔던 장소를 실제로 찾아온 것 같은 느낌이었 다. 돌로 지어진 성벽과 그 아래를 지나는 문, 오래 되어 보이지만 고풍스러움이 아름다운 돌집들, 특유의 활기와 순례자들을 반기는 시그널, 큼지막한 배낭을 멘 다양한 인종의 순례자들…. 이제야 까미노에 왔다는 사실을 실감했다.

생장에 도착하면 순례자로서 까미노를 걷기 위해서는 가장 먼저 해야 할 일이 있었다. 순례자사무소에서 크레덴시알(Credential, 순례자여권)을 발급받는 것이 다. 순례자사무소가 어딘지 몰라 두리번거리다가 순례자로 보이는 사람들이 향 하는 곳을 따라갔다. 그곳에 순례자사무소가 있었다. 중년여성 스태프가 밝게 인사하며 우릴 반겼다. 그녀의 친절한 안내로 순례자 등록을 하고 크레덴시알을 받았다. 성 야고보의 상징이자 순례자의 증표인 가리비 껍데기를 사서 배낭에 매다는 것도 잊지 않았다. 모든 것이 두근두근, 처음 학교에 입학하는 아이마냥 떨리고 설렜다.

이제 자타공인 공식순례자가 되었다. 내일부터 정식 일정을 시작할 것이기에 오늘은 생장을 찬찬히 둘러보기로 했다. 먼저 알베르게(Albergue, 순례자숙소)에 짐을 내려두고 생장의 골목골목을 계획도 없이 그저 마음 가는 대로, 발길 닿는 대로 걸었다. 나의 동행인 수빈에게는 첫 산티아고순례길. 내게는 첫 프랑스길. 우리는 각자의 의미대로 이곳이 처음이었다. 그렇기에 낯설지만 호기심 어린 눈

빛으로 생장의 모든 것을 바라보고 구석구석의 작은 영감들을 수집했다. 알베르
게와 상점들이 늘어져있는 거리부터 작은 강이 흐르는 다리를 건너 화려하진 않
지만 차분함과 경건함이 느껴지는 성당까지. 그리고 생장의 외곽을 크게 한 바
퀴 돌았다. 찬찬히 둘러본 생장은 여유와 평화로움, 활기가 녹아있는 곳이었다.

　해가 저물 무렵 알베르게 뒤편에 자리한 성벽 위로 향했다. 조금 가파른 언덕
을 올라 성벽 위에서 바라본 하늘은 오렌지 빛으로 물들어가고 있었다. 노란 일
몰 빛을 받은 생장의 다홍색 지붕들이 한층 따스해 보였다. 이제 막 여정을 시작
하려는 이들에겐 더할 나위 없는 풍경이었다. 첫 도시, 첫 풍경, 첫 까미노, 첫 둘
만의 여행. 처음이기에 어색하고 서툴지만 처음이기에 더 강렬하게 와 닿는 것

들. 첫 경험은 언제나 강렬하다. 그 강렬함이 무뎌진 감정에 기름칠을 하고 불을 붙였다. 타들어가는 해질녘처럼 가슴 한켠에서 타다닥 하고 불 지피는 소리가 들리는 것 같았다.

내일부터 시작될 까미노는 과연 어떤 모습일까? 어떤 풍경, 그리고 어떤 이야기가 우리를 기다리고 있을까?

생장에 도착하면 해야 할 것

집 떠난지 장장 64시간만에 까미노의 시작점, 생장에 도착했다. 이제서야 순례길에 왔다는 것이 실감나기 시작하는것!

듀근
듀근
벌름
씨이익-

이럴때가 아니야! 우리가 해야할일이 있다구-!

헬 렐 레-

정신줄 꽉 잡으라우 동무!

이름하야
「생장에 도착하면 해야 할 것!」
그 첫번째!

1. 순례자 사무소 찾아가기

어떻게 가냐?!

구글맵을 따라갈 수도 있겠지만, 이제 막 도착한 듯한 다른 순례자들이 향하는 곳을 따라가는 것도 하나의 방법!

호호통

여행은 실전 아니겠슈?

야매 여행의 달인

순례자 사무소는 까미노를 걷기 전에 공식적으로 순례자임을 등록하고 순례자 여권을 발급받는 곳이야.

순례자 사무소 스태프가 시키는대로 간단한 기본정보만 적으면 바로 발급해줘.

크레덴시알(순례자 여권)에 그날 묵은 알베르게, 방문한 성당, 레스토랑 등의 도장을 모아 순례자의 여정을 증명해야지만 산티아고에서 인증서를 발급받을 수 있다는 사실!

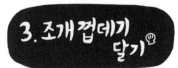

성 야곱(=산티아고)가 죽은 후 바다에 시신을 던져 장례를 치렀지만, 조개들이 시신을 감싼채로 시신이 손상되지 않고 물위로 떠올랐대.

그 후로 까미노의 상징이 "조개껍데기"가 된 것이지!

가리비는 순례자 사무소 탄권에 비치되어 있고, 기부금을 내고 얻을 수 있어.

배낭에 가리비 한짝 정도는 달아주어야~ 진정한 순례자라 할수 있쥐!

준비완료

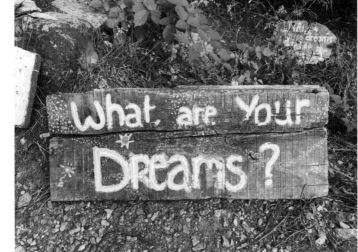

짓궂은 날씨요정

드디어 첫걸음을 시작한다. 아기가 첫 걸음마를 떼듯, 14kg의 무거운 등짐이
낯설고 걸음은 묵직했지만 기분만큼은 새롭고 신선했다.

'내가 두 발로 걸어 만나게 될 세상은 어떤 곳일까?'

그러나 그런 설렘도 오래가지 않았다.

어제 순례자사무소에서 일러준 중대한 사실 한 가지가 있었다. 그것은 오늘
넘게 될 피레네 산에 비 소식이 있다는 것이었다. 피레네는 프랑스와 스페인 국
경에 있는 거대한 산맥인데 까미노 프랑스길을 시작하는 첫날 피레네의 산자락
을 넘게 된다. 프랑스길을 통틀어 가장 힘들지만 가장 아름다운 구간으로 손꼽

히기도 한다. 그래서 무척 기대하던 곳이었는데 아니나 다를까. 희끄무레하던 하늘이 첫 출발의 설렘을 살포시 즈려밟더니, 어느새 자욱하게 낀 안개가 헤드 샷을 날린다. 최악의 날씨 상황에는 아예 통제가 되어 버리는 경우도 있다고 한다. 그러니 피레네를 걸을 수 있다는 것만으로도 감사해야 한다. 그런데 영. 썩. 퍽. 유쾌하지가 않다. 강력한 헤드펀치에 설렘은 물론 의욕까지 녹다운. 아무것도 보이지 않는데 오르막이라 힘까지 드니 억울한 심정이다.

"그래도 걷기엔 좋은 날씨다. 그렇지?"

"그래. 시원하고 좋다 야."

한 줌의 긍정을 짜내는 것이 우리가 할 수 있는 최선이었다. 10m 앞에 있는 순례자도 안개 속으로 사라져 버리는 상황. 안개가 두터워지는 것이 도무지 걷힐 기미가 보이지 않는다. 애써 아닌 척해보지만 감출 수 없는 실망감은 포기로 번졌다. 그리고 마침내 내려놓는다.

"괜찮아. 우리에겐 앞으로 걸어야 할 나머지 29일이 있잖아. 더 아름다운 풍경을 많이 보게 될 거야."

피레네에 날씨요정이 있어서 장난이라도 부리는 것일까? 마음을 완전히 내려놓고 이 흐림마저도 기분 좋게 받아들이려는 찰나였다. 곰탕처럼 뿌옇던 안개가 갑자기 넘실거리는 운해의 형상을 이뤘다. 그리고 모락모락 피어나는 운해의 틈 사이로 희미하지만 영롱한 빛 조각들이 새어 나오기 시작했다.

피레네는 역시 피레네였다

습기로 가득하던 대기는 피레네의 강렬한 태양에 쪽빛 하늘을 내어주었다. 안개가 물러가니 드디어 상상했던, 아니 상상보다 더 아름다운 풍경이 모습을 드러냈다. 말로 표현하기 어려운 특유의 파스텔톤 색감과 둥글고 완만한 선을 그리는 동화 같은 언덕, 아주 멀리서부터 내다보이는 우리가 걸어온 길, 그리고 자그마한 점이 되어 보이는 순례자들…. 모든 것이 완벽한 한 폭의 그림이었다. 언덕에는 양들이 무리 지어 평화로이 풀을 뜯었고, 우리는 그 사이를 지났다. 들판에는 키 작은 꽃들이 무더기무더기 피어있었다. 갑자기 알프스소녀 하이디가 뛰어나와 말을 건넨다 해도 이상할 것 같지 않은 풍경. 피레네는 역시 피레네였다!

날씨는 사람의 기분을 불판의 김 뒤집듯 쉽게 뒤집어 놓는다. 불과 10분 전까지만 해도 침체되어 있던 우리는 잔뜩 신명이 올랐다. 걷다가 웃고, 웃다가 뛰었다. 하이디가 없어도 좋다! 까짓 거 우리가 하이디가 되지 뭐. 온몸에 흥을 내뿜으며 사진을 찍고 내달리는 우리를 보며 어떤 순례자는 혀를 내두르기도 했다. 젊은 처자들이 딱하다고 생각했으려나. 아니면 자신은 힘들게 오르고 있는데 뛰어다니니 독한 것들이라고 생각했을까. 어찌되었든 좋다. 피레네는 그만큼 아름다웠고, 우리는 그저 좋을 뿐이었다.

나의 행복이 곧 법이 되는 곳

오후 2시가 지나면서 태양은 사람도 녹여버릴 태세로 강렬해졌지만 피레네

뽕은 그보다 강력한 것이었다. 피레네에 취한 우리는 즉흥적으로 잔디밭에 드러누웠다. 배낭도 신발도 양말도 벗어 던져버렸다.

몸은 홀가분하고 햇빛은 따사롭고 바람결은 청량했다. 잔디밭의 풀들이 살갗에 까슬하게 닿는 신선한 느낌은 내가 살아 숨 쉬고 있다는 사실을 입증해주고 있었다. 그 누구도 우리가 느리다고, 또는 여유를 부린다고 꾸짖거나 손가락질하는 사람은 없었다. 그저 내면의 소리에 귀 기울이고 마음이 가는 대로 행동하면 그만이었다. 내 마음이 규칙이 되고 내 행복이 곧 법이 되는 곳. 생각해보니 다른 게 아닌 바로 이 단순한 순간이야말로 내가 오랫동안 이상으로 그려오던 까미노의 모습이고 꿈꿔오던 나의 모습이기도 했다. '행복해지기 위해서'라는 명분으로 해야 할 일들을 만들고 그것들에 쫓겨 왔던, 그러나 정작 행복과는 멀어져가던 나는 오늘 없었다. 무언가에 쫓기기보다 행복이란 감정을 좇는 내가 있을 뿐이었다. 이 순간의 우리는 어떤 속박과 굴레도 없는 자유로운 순례자였다.

피레네를 넘어서고부터는 숲이 우거진 내리막길이었다. 론세스바예스

(Roncesvalles)에 도착했을 때는 '봉주르'가 '올라', '메르시'가 '그라시아스'로 바뀌었다. 우리가 어느덧 국경을 넘어 스페인에 온 것이다.

샤워를 마치고 빨래를 하려는데 옆에 있던 아주머니가 어깨를 톡톡 건드리며 문밖을 가리킨다. 우리가 도착하자마자 비를 쏟아내던 하늘은 급기야 구슬만 한 우박을 토해내고 있었다. 처음 보는 우박의 스케일에 신기해하다가 이내 아찔했다.

'저걸 맞고 왔으면 정수리가 뚫렸겠는 걸!'

피레네에, 아니 까미노에 장난꾸러기 날씨요정이 있는 게 틀림없다. 그리고 그 날씨요정이 오늘 우리에게 앙큼한 윙크를 날려주었다는 것도.

푸른 새벽 찰박찰박 발걸음 소리가

이른 아침 찬 공기를 가르며 짓궂게도 비가 쏟아지고 있었다. 우비를 뒤집어 쓰고 등산화를 단단히 동여맸다. 커플 우비를 장착한 우리의 모습을 본 호스피탈레로(Hospitalero 알베르게봉사자) 할아버지는 "굿 패션!"이라며 쌍 엄지를 치켜들어주었다. 길을 나서니 걱정과는 달리 상쾌한 기분이 들었다. 나는 실내에서 비를 바라보는 것은 좋아하지만 여행할 때 내리는 비는 좋아하지 않는다. 하지만 오늘은 달랐다. 이상하리만치 기분이 좋은 것은 호스피탈레로 할아버지의 유쾌한 미소도 한 몫 했겠지만, 오늘의 까미노가 촉촉할수록 짙은 향이 나는 숲길이어서일 것이다. 하지만 무엇보다 비를 받아들이기로 한 내 마음이 열려 있어서였을 것이다.

비를 있는 그대로 받아들이자 세상이 사뭇 다르게 다가왔다. 습기로 가득한

공기 안에서는 온도도 냄새도 소리도 달랐다. 콧속으로 명쾌하게 스며드는 향기가 좋았다. 푸른 새벽 속에서 찰박찰박 발걸음 소리가 마음을 정화시켜주었다. 적당한 물기는 흙길을 폭신한 카페트로 만들었고, 곳곳에 달팽이들이 비를 마중 나와 마른 목을 축였다. 꽃과 잎사귀들은 활짝 피어 활기를 띠고, 촉촉한 풀잎 사이로 거미줄이 품은

수백 개의 진주알들이 반짝였다. 비는 시각적인 것을 넘어 소리, 향기, 촉감, 온도 등 다양한 형태로 또 다른 까미노의 모습을 보여주고 있었다.

왜 여태껏 몰랐을까? 비는 거부하면 거부할수록 거북하지만 받아들이는 순간 한없이 차분하고 편안한 자연 현상임을. 그리고 비를 받아들이는 순간 새로운 세상이 펼쳐진다는 것을.

비가 그치고 나자, 이번엔 뭉게뭉게 피어오른 하늘의 솜사탕이 우릴 반겼다.

알베르게에서 아렌과 함께 저녁을 만들어 먹다

라라소냐(Larrasoaña)의 알베르게에 도착했을 때 어디선가 기타소리가 들렸다. 하프연주를 연상시키는 부드러운 곡조의 출처는 기타보이 아렌. 피레네를 넘고 론세스바예스로 하산하던 날, 우리가 만난 첫 번째 순례자 친구였다. 아일랜드에서 왔다는 아렌은 뒤로는 기타를, 앞으로는 작은 배낭을 메고 걷고 있었다. 그의 직업은 뮤지션이었다.

공립알베르게 앞 벤치에서 기타를 퉁기던 그에게 알베르게가 어떠냐고 물으니, 자기는 저 너머에 사립알베르게에 머문다면서 그곳 시설이 좋다고 추천했다.

'근데 왜 여기까지 와서 기타를 치며 호객을 하고 있는 거야?'

그곳에서 일일 알바를 하고 있는 건가 잠시 의문이 들었지만 개의치 않고 알베르게로 들어섰다. 그런데 들어가려던 알베르게의 침침함이 꺼림칙했다. 베드버그의 향기가 날 것 같은 우중충함이었다. 결국 우리는 4유로가 더 비싸긴

했지만 알바생 아렌이 추천해준 사립알베르게로 향했다.

　사립알베르게는 시설이 훨씬 더 좋았다. 6인실에 개인 라커도 있고 작지만 부엌도 있었다. 마침 알베르게 앞에 작은 마켓도 있었다. 오늘 저녁은 만들어 먹을 생각이었다. 리빙룸에서 서성이는 아렌과 마주쳤고 다 함께 만들어 먹기로 했다. 베지테리언이라는 그와 합의한 메뉴는 토마토 파스타. 신나게 미니 마켓으로 향했다. 가게는 작았지만 우리에게 필요한 것은 다 있었다. 작은 올리브유, 파스타면, 토마토소스, 양파, 호박, 그리고 올리브! 아렌 때문에 베이컨이나 하몽은 넣을 수 없었지만 대신 캔참치와 옥수수를 풍족하게 샀다. 스페인어를 할 줄 아는 붙임성 좋은 아렌이 주인장에게 부탁해 마늘과 소금까지 얻었다. 달달한 스위트 와인도 골랐다.

　우리는 맛있는 저녁을 먹어야 한다는 공동 목표 아래 일사불란하게 움직였다. 아렌이 야채를 볶아서 소스를 만들고 수빈이가 파스타면을 삶았다. 나는 열심히 응원했다. 절대 요리를 못해서 그런 건 아니었고 공간이 비좁았다. 이탈리아 소녀 마르고와 그의 아버지도 부엌을 사용하기 위해 기다리고 있었다. 재빠르게 수빈이와 나는 설거지를 하고, 아렌은 바닥을 쓸어 청소까지 완벽히 마쳤다. 여기서 쿵! 하면 저기서 짝! 하는 환상의 팀워크였다.

극도의 배고픔이 최고의 양념이 되었는지 파스타는 아주 맛있었다. 처음엔 영어로 소통하는 것이 서먹했는데, 같이 요리를 하며 이야기를 나누다 보니 아렌과도 많이 친해졌다. 아렌은 재미있는 말주변과 장난기로 주변 사람들을 즐겁게 해주는 친구였다. 무엇보다 웃겼던 건 그의 파란 발바닥이었다. 파란 슬리퍼의 파란색이 그의 발바닥까지 물들여놓았다. 공교롭게도 파란 플리츠까지 입고 있었는데, 그 후로 그의 별명은 까미노 스머프가 되었다.

대화의 대부분은 "우리는 이런데, 너네 나라는 어때?"였는데 의외의 답변이 나올 때마다 웃음을 터뜨렸다. 덕분에 웃음 가득한 저녁시간이 되었다. 옆 테이블에서도 신나게 떠들었다. 알베르게는 이내 왁자지껄함으로 가득 찼다. 옆 테이블의 캐나다에서 온 스티나가 아렌의 기타 연주에 맞춰 노래를 불렀다. 가

아홉수
까미노   41

수인가 싶을 정도로 호소력 있는 가창력과 목소리였다. 노래 제목은 전세계 사람들의 애창곡 '할렐루야'였는데, 후렴구에는 다 함께 노래 불렀다.

스페인어 '알베르게'의 뜻은 숙박소이다. 까미노에서의 알베르게는 순례자들이 이용하는 전용숙소를 의미한다. 하지만 알베르게가 단지 잠만 자는 곳은 아니었다. 한 공간에 놓인 여러 개의 침대에서 잠을 자기도 하지만, 때로는 함께 요리를 하고 음식을 나누어 먹기도 한다. 빨래를 하거나 노래를 부르기도 하며 좋든 싫든 서로를 부대껴야 한다. 개인의 영역이 허물어지기 때문에 불편함도 감수해야 한다.

그러나 그 허물어짐이 재밌는 점이다. 오늘 우리가 함께 요리를 하며 친근해진 것처럼. 어느덧 낯선 알베르게, 낯선 순례자들에 대한 경계가 조금씩 허물어진다. 할렐루야. 여러 음색이 하나로 모아진 따뜻한 노랫소리가 알베르게를 가득 울린다.

요리와 음악과 그림이 더해진 산티아고순례길. 알베르게의 묘미. 더 이상 무슨 설명이 필요할까?

정열의 빨간 군단, 산페르민 축제

정열의 나라 스페인에서 피에스타를 빼고 논하면 섭하다. 우리가 잘 아는 토마토축제 같은 대형 피에스타부터 마을의 소소한 피에스타까지, 워낙 축제를 사랑하는 나라이다 보니 운이 좋다면 까미노를 걸으면서도 크고 작은 피에스타를 만날 수 있다. 우리는 행운아 중에서도 행운아였다. 세계적으로 유명한 산페르민 축제가 시작하는 시점, 축제가 열리는 도시 팜플로나(Pamplona)를 지나게 된 것이다. 산페르민 축제는 흔히 '소몰이축제'로도 알려져 있다. 하지만 소몰이뿐만이 아니라 다양한 음악과 춤 공연, 전통 경기 등 100개가 넘는 행사가 아홉 날 동안이나 이루어지는 대규모 축제다. 축제 첫날 정오에는 축포를 터뜨리는 오프닝 행사가 있다고 한다. 그것이 우리가 어제 라라소냐까지 강행군 한 연유였다. 하루 전 조금이라도 더 걸어두고, 오늘 12시 전에 팜플로나에 도착하는 것이 중대 목표였다.

마을의 벤치에서 쉬고 있을 때였다. 건너편 교회에서 조금 특이한 복장의 사람들이 나왔다. 네 명의 남자는 머리부터 발끝까지 하얀 옷을 입고 허리춤에는 빨간 수건을 걸고 있었다.

'교회에서 행사가 있나?'

우리는 다시 걸음을 옮겼다. 일찍부터 걷기 시작했는데 어느새 시간이 빠듯해져서 결국 달리다시피 걸어야 했다. 느닷없는 가속에 산페르민 축제가 시작하기도 전, 두 발바닥은 불을 지른 것처럼 뜨거웠다. 하지만 멈출 수 없었다. 이

오프닝을 보기 위해 며칠 전부터 얼마나 철저히 계획했던가!

어느덧 우리 옆에는 빨간 스카프를 두른 사람들로 가득 찼다. 그제야 알았다. 아까 교회에서도 봤던 이 복장이 산페르민의 전통의상이자 드레스코드였다는 것을! 사람들은 빨간 스카프 외에도 빨간 모자, 빨간 안경, 빨간 구두, 빨간 립스틱 등으로 하얀 의상에 포인트를 주었는데, 그 모습이 아주 매력적이었다. 나이가 지긋한 어르신부터 공갈젖꼭지를 물고 있는 아가들까지 가지각색으로 포인트를 준 것이 패셔너블했다. 새로운 문화에 잔뜩 들뜬 우리만큼이나 흥겨워보였다. 그들의 패션과 흥겨움을 훔쳐보는 건 축제만큼이나 흥미로운 일이었다. 전의 전 마을에서부터 사람들은 버스를 타기 위해 긴 줄을 기다리거나, 까미노를 걸으며 긴 행렬을 이루었다. 순례자들이 독점했던 까미노는 어느새 빨간 군단으로 가득 찼다.

 이럴 줄 알았으면 옷을 맞춰 입고 오는 건데…. 문득 쇼윈도에 비친 내 모습을 보니… 맞다! 내 배낭은 레드에 가까운 강렬한 오렌지색이었지! 공교롭게도 오늘은 하얀 티셔츠를 입었으니, 이런 우연이! 빨간 군단의 핵심 단원이라도 된 듯 긴 행렬에 합류해 미끄러져 들어갔다.

엔조이 팜플로나!

 빨간 군단의 행렬에 섞여 정확히 10분전 입성한 팜플로나는 음악으로 도시전체가 흔들리고 있었다. 들뜬 축제 분위기, 환호성 소리가 가득했다. 이런 강렬한 느낌은 2002년 월드컵 이후로 처음이었다. 오늘 나는 붉은 악마가 아니라, 붉은 투우사였다!

 길을 묻지도 않는데, 우리를 본 빨간 군단들은 손가락으로 어딘가를 가리켰다. 가리킨 방향대로 찾아간 곳은 축포를 터뜨리는 메인 광장이었고, 이미 터질 듯한 인파로 북적였다. 모든 사람들이 일제히 빨간 수건을 머리 위로 들고 구령을 외치고 있었다. 구령에 맞춰 우리의 심장도 크게 울렸다. 그렇게 기다려왔던 축포가 터지는 순간! 폭죽과 함께 도시가 떠나갈 듯 휘파람소리와 환호성이 터졌다. 우리도 덩달아 소리를 질렀다. 온몸에 소름이 돋는 순간이었다. 산페르민을 즐기기 위한 현지인들 속에 조개껍데기 달린 배낭을 멘 낯선 이방인, 그것도 동양인 순례자는 우리 둘뿐이었다. 그런 우리에게도 사람들은 서슴없이 외쳐주었다.

"엔조이 팜플로나!"

소몰이축제는 하지 않았지만, 사람들은 가져온 와인을 서로에게 뿌렸다. 건물 위에서는 물대포와 물세례를 퍼부어댔다. 엉망이 된 차림에도 사람들은 환하게 웃고 있었다. 그 유쾌함과 자유로움이 부러웠다. 다른 한편에서는 사람의 몇 배 크기나 되는 거인인형이 춤을 추고 있었다. 관람자의 대부분은 목마를 탄 아이들과 부모들이었다. 거인인형의 춤에 정신을 쏘옥 빼앗긴 아이들의 모습이 말할 수 없이 사랑스러웠다. 어른들은 그런 아이들의 모습을 구경하거나, 사람이 가득한 바르 한편에 자리를 차지하고 그들만의 축제를 즐기고 있었다.

산페르민 축제 안에서는 모두가 즐거웠다. 산페르민은 특정한 누군가의 전유물이 아니었다. 부유한 자들, 또는 젊은이들만의 파티도 아니었다. 현지인,

이방인, 연인, 가족, 아이와 노인 등 축제를 즐기고 싶은 사람이라면 누구에게 나 열려있는 파티였다. 사람 많고 붐비는 것을 질색하는 나였지만 발 디딜 틈 없는 북새통 속에서 따스한 활기가 차오르는 것을 느꼈다. 그것은 산페르민이 라는 이름 아래 다양한 사람들의 흥겨움과 행복을 목격했기 때문일 것이다.

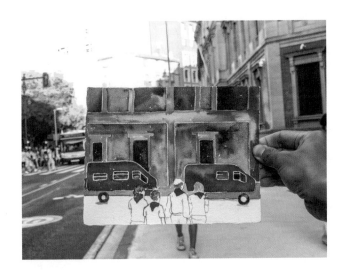

프랑스길, 사랑스러운 연인 같은

한바탕 비가 쏟아지더니 우리가 걷기 시작하려니 그쳤다. 흐릿한 하늘 아래 하루를 시작하는 건 꽤나 근사한 일이었다. 잿빛 하늘에 비친 세상은 한층 깊이 있는 색감을 내비치고, 푸른빛이 도는 먹구름들이 무언가 일어날 것 같은 긴장감을 주기 때문이다. 조금 울적한 기분이 들긴 해도 흐린 날만이 갖는 신비로움이 있었다.

오늘의 까미노는 길 양옆으로 노란 밀밭이 펼쳐져 있었다. 좌우로 펼쳐진 풍경을 둘러보며 밀밭 사이를 걷다가 문득 든 생각.

"프랑스길은 정말 소소한 아름다움을 가지고 있구나!"

그와 동시에 또 한 가지의 생각이 차오른다.

"북쪽길과는 완전 다르네."

이 길을 걷기 시작한 지 불과 나흘 만에 2년 전 걸었던 북쪽길과 확연히 다른 점을 느꼈던 것이다. 물론 더 걸어봐야 더 자세히 알겠지만.

북쪽길은 하루에도 크고 작은 산이 한두 개씩은 있어 오르락내리락하느라 사람을 지치게 만들고서는, 더 이상 걸을 수 없을 것 같은 생각이 들 때쯤이면 숨 막히는 풍경을 턱 내놓는다. 반면 프랑스길은 극적인 오르내림에 따른 드라마틱한 매력은 없어도, 걷는 내내 소소한 풍경에 기분이 좋다. 북쪽길이 사정 없이 나를 들었다 놨다 하는 츤데레 같은 연인이라면, 프랑스길은 걷는 내내 다정하게 말 걸어주고 상냥한 미소를 보여주는 사랑스러운 연인 같다.

해가 머리 위로 떠오르는 시각, 따사로운 햇볕이 들어서니 들판은 눈부신 황금빛을 띠었다. 황금빛 밀밭 사이로 연보랏빛 꽃, 새빨간 양귀비, 하얗고 노란 작은 꽃들이 고개를 뾰족이 내밀고 있어 그 작은 것들과 눈인사하는 것만으로도 걸음이 즐거웠다. 이따금씩 어마어마하게 큰 나무들이 나타나기도 했고, 황금빛 들판 너머로 열기구가 떠오르기도 했다.

"올라! 부엔 까미노."

순례자들끼리 나누는 인사말은 더없이 정겨웠다. 성당에 들러 오늘도 무사히, 즐겁게 걷게 해달라고 기도드리는 일도 빼놓지 않았다. 모든 풍경과 모든 순간이 아기자기하고 찬란해서 발걸음은 가볍고 유쾌했다. 사랑스러운 연인과도 같은 이 길과 어찌 사랑에 빠지지 않을 수 있을까?

너와 함께라서 참 다행이야

느지막한 점심식사 후 자리를 탈탈 털며 다시 걷기 시작한 까미노에 다른 순례자들의 모습은 보이지 않았다. 그도 그럴 것이 공기마저 숨이 턱 막힐 정도

로 달아오르는 시간에 걸으려는 사람은 없었다. 그래서 2시가 되기 전에 하루의 여정을 마치는 것이 순례길의 일반이었다. 무식한 건지 용감한 건지, 우리는 가장 뜨거운 시간 2시에 오늘의 까미노 제2막을 시작했다.

걷기 시작하자마자 뜨끈한 공기가 거침없이 콧속을 파고든다.

'너무 뜨거워서 수빈이가 힘들어 하면 어쩌지.'

'괜히 여유롭게 걷자면서 늦장부린 건 아닐까.'

걱정스러운 마음에 뒤따라오는 그녀를 흘깃 훔쳐보았다. 그런데 수빈이는 즐거운 듯 보인다. 흥겨운 동작까지 취해가며 걷기에 심취해 있다.

푸엔테 라 레이나(Puente la Leina)로 향하는 동안 황금빛 밀밭은 계속되었다. 황금빛 들판 사이로 한 사람이 들어서면 곧 가득 차버리는 길, 그 아담한 길 사이로 수빈이와 나는 각자의 공간을 품고 걸어 나갔다. 함께 걸어도 조용히 그 길을 느끼고 음미하는 건 각자의 몫이었다. 건조한 바람이 우리의 팔과 볼을 스쳐 지나갔고, 밀들끼리 서로 부딪치는 마찰음과 풀벌레소리는 환상적인 조화를 이루었다. 걸음을 멈추고 자연이 만들어내는 하모니에 귀 기울이면, 세상이 잠시 멈추어 버린 건 아닐까 하는 착각이 들기도 했다.

유독 이런 것들을 좋아하는 나에게 "왜 힘든 여행을 좋아하나?" 물으며 의

아해 하는 사람들이 있다. 오래 전 나와 함께 여행하던 한 친구가 무척 힘들어
하기도 했다. 그래서 내가 조금은 별난 성향을 가졌다고 인정하게 되었고, 차
츰 누군가와 함께 하기보다 혼자 하는 것이 편했다. 간혹 함께 하게 될 경우엔
나 때문에 힘들거나 싫어하는 건 아닌지 눈치를 보는 습관이 생겼다. 그러나
혹시나 하는 마음은 쓸데없는 걱정이 되었다. 더 이상 눈치를 보지 않아도 되
었다. 수빈이는 누구보다 이 길을 만끽하고 있었다.

이 뜨거움에도 지지 않고 발걸음을 멈춰 풍경을 들여다 볼 수 있다는 것이.
작은 소리 하나, 사소한 바람 하나에도 귀 기울이고 이야기 나눌 수 있는 친구
가 있다는 것이. 그리고 그 친구가 지금 내 곁에 있다는 사실이 믿기지 않았다.

친구라 해서 다 이런 여행을 함께 즐길 수 있는 것은 아니다. 사랑하는 연인
관계나 가족 간에도 어려운 일이 함께 여행하는 일이다. 하지만 수빈이는 이
길과 풍경을 여과 없이 사랑할 줄 아는 사람이었다. 참 다행이라는 생각이 들
었다. 그녀가 그런 사람이라는 것이, 이 길을 그녀와 함께할 수 있다는 사실이.

다국적 순례자들의 공통점

'킴, 수빈이랑 같이 저녁에 맥주 한 잔 어때?'

푸엔테 라 레이나에 도착해 막 샤워를 마치고 나왔을 때, 아렌에게서 문자가 왔다. 맥주를 마다할 내가 아니지. 라라소냐에서 함께 요리한 뒤로 조금 친해 져서 이제 편해진 친구이니 거절할 이유도 없었다.

'콜!'

핫 샤워로 하루의 찌든 땀을 털어낸 우리는 가벼운 차림으로 어슬렁어슬렁 약속한 바르로 나왔다. 환골탈태란 이럴 때를 위해 쓰는 말 같다. 뼛속까지 개 운하다. 주문한 샐러드와 빠에야 한 접시를 빛의 속도로 흡입했다. 허기가 가 실 무렵 멀리서 파란 스머프, 아렌이 손을 흔들며 다가왔다. 그런데 혼자가 아 니라, 처음 보는 친구들과 함께였다. 뭐야. 말도 없이 친구들 데려온 거야? 저 못 말리는 친화력이 감탄스럽다.

"킴, 수빈. 내가 재밌는 친구들을 데려왔어. 인사해. 브라이언과 에바, 닉이야."

처음 보는 파란 눈 친구들과의 합석에 조금 당황하긴 했지만, 쭈뼛쭈뼛 인사 를 나누었다. 넉넉한 풍채에 선한 인상을 풍기는 브라이언 아저씨, 6:4의 정갈 한 가르마처럼 똑 부러질 것 같은 폴란드에서 온 에바, 새초롬한 표정의 내성 적인 홀랜드 청년 닉. 내 눈엔 모두 비슷하게 생긴 외국인이라 가족인 줄 알았 는데, 이들도 모두 오늘 처음 만난 사이란다.

"안녕. 난 킴이야."

"킴! 정말 쉬운 이름이네. 앞으로 꼭 기억할게."

"난 브라이언이라고 불러줘. 캐나다에서 왔어."

언어에 높임말 체계가 없는 이곳에선, 연령에 상관없이 이름을 부른다는 것이 재미있다. 3살 먹은 아가여도 브라이언, 50살 먹은 아빠뻘 아저씨도 브라이언, 100살 먹은 인생 대선배에게도 브라이언이라고 부른다. 손윗사람에게 이름을 부르는 것이 낯설지만 좋다. 이름을 불렀을 뿐인데 좀 더 친근한 느낌이랄까. 그리고 누군가가 말을 할 때, 안 그래도 큰 눈을 더 크게 떠서 눈 맞추는 것도 좋았다. 처음엔 부담스럽지만 점점 내 이야기를 경청하고 있다는, 존중받는다는 느낌을 받는다.

"오늘은 어땠어? 걸을 만했어? 다리는 괜찮고?"

"어제 산페르민 축제 봤어? 거기서 내가 뭘 봤는지 알아?"

"망할 산페르민! 그것 때문에 알베르게에 자리도 없고, 숙소 찾느라 얼마나 힘들었는지 몰라!"

이제 막 만난 사이지만, 자연스러운 대화들. 하루의 일정이 끝나면 매일 저녁 테이블에는 다양한 사람들이 마주 앉는다. 어제 봤던 사람도 있고, 처음 보는 사람도 있다. 이렇게 매일 낯선 사람들이 한 자리에 모여 이야기할 수 있는 건, 우리가 순례자라는 공통의 이유 때문이었다. 국적도, 연령도, 종교도, 삶의 가치관도 모두 다르지만 까미노를 걷는다는 단 한 가지 공통점이 우리를 하나로 엮는 것이다. 버섯과 파프리카, 소시지 같은 제각기 다른 재료를 하나로 관통하는 꼬치처럼. 그리고 이 꼬치는 생각보다 큰 힘을 발휘한다. 특히 나처럼 영어가 미숙한 사람들이나, 낯선 이에게 다가가는 데 어려움을 겪는 사람들에겐 더더욱. 꼬치의 힘을 빌려 쭈뼛거렸던 우리도 어느새 제법 어울리는 속재료가 되어 낄낄거리고 있었다.

산티아고라는 한 지점을 향하는 까미노는 보통의 여행이랑 다르다. 많은 것

들이 다르겠지만, 그 중 가장 매력적인 차별점은 여행이라는 카테고리보다는 더 협소해서 이 길을 걷는 사람들에게 특수한 유대감을 주지만, 군대나 동아리 같은 집단보다는 개별적인 목적과 경험을 갖는다는 것이다. 똑같은 길을 걷기에 쉽게 공감대를 형성하지만, 개개인의 경험이나 느낌이 조금씩 달라 이에 대해 이야기를 나눌 수 있는 게 참 좋다. 이 길이 종교적인 길이라고 해서 종교에 대한 이야기가 주가 되는 것도 아니다. 다양한 속재료가 모이니 더 맛있는 이야기들이 오고간다. 어느덧 공통점이라고는 없을 것 같았던 다국적 순례자들은 푸엔테 라 레이나에서의 맛깔스러운 밤을 보내고 있었다.

내일은 또 어떤 맛있는 꼬치를 만들어볼까. 벌써부터 기대된다.

45km를 걸어 팜플로나까지 간 승령

아기자기한 소품으로 가득 찬 작은 카페에서 소박하지만 근사한 아침으로 하루를 시작한다. 새벽비가 내려서인지 따스한 카페콘레체가 유난히 입에 감긴다. 다시 우비를 챙겨 입고 카페를 나서자, 빠른 걸음으로 지나가던 한 동양인 소녀와 눈이 마주쳤다. 60%의 확신으로 한국인이라고 생각하며 먼저 "안녕하세요" 하고 말을 건네니 너무나도 반갑다는 듯이 되묻는다.

"한국인이세요?!"

프랑스길에서는 한국인과 마주치는 게 흔한 일이기 때문에 그리 특별할 것 없는 일이었다. 그런데 심드렁한 마음이 미안할 정도로 반갑게 펄쩍 뛰는 그녀. 우리의 인연은 그렇게 시작되었다.

승령이라는 이 소녀는 걷기와 하이킹을 좋아하는 스물네 살의 대학생이다. 화장기 없는 얼굴, 양쪽 볼과 눈가에 난 귀여운 주근깨, 작은 백팩에 면 티셔츠, 그리고 딱 달라붙는 검은 레깅스. 무척 수수하고 간소한 차림이다. 그녀가 우

릴 이렇게나 반가워했던 것은 어제 산페르민 축제 때문에 숙소를 구할 수 없을 거라는 주변 만류에도 불구하고 45km나 걸어서 팜플로나까지 갔지만, 결국 숙소를 찾지 못해 버스를 타고 이곳까지 와야 했던 까닭이다. 한국인도 만나지 못하고 뜻하지 않게 점프를 해야 했던 상황에 절망적인 마음으로 하루를 보내고 아침에 길을 나서는 참이었다고 한다. 하루 코스를 건너뛰었다고 몹시 낙심한 모습에서 그녀가 어떤 사람인지 조금은 알 것 같았다. 긍정적인 말과 꾸밈없는 미소에서 나는 잘 알지도 못하는 그녀를 좋아하기로 했다.

"오늘 아침까지는 진짜 우울했는데, 그 덕분에 언니들을 만나게 됐잖아요! 그거 아니었으면 언니들 못 만났을 거 생각하니, 참 다행이에요."

무턱대고 그녀를 좋아하기로 했지만 사실 작은 행동이나 작은 말 한마디에서 받는 그 사람에 대한 느낌은 생각보다 절묘하고 정확하다. 그녀의 밝고 생기 넘치는 미소와 에너지는 우리의 대학시절을 떠올리게 했고, 그러면서도 우리가 다섯 살 차이가 난다는 것을 까먹어버릴 정도로 친근하고 잘 통했다. 풍경을 바라보는 시선, 선호하는 대화 주제, 상대방의 의사나 생각을 먼저 물어보고 살피는 태도, 솔직한 표현방식, 여행스타일…. 심지어 우리와 걷는 속도까지 비슷했다.

나는 그녀가 했던 말을 다시 되돌려 주었다.

"네가 가장 최악이라고 생각했던 일이, 결국 최고의 기회가 된 거잖아? 진짜 다행이야!"

어떤 이와는 먼저 인연이 닿았지만 가까워지지 않기도 하고, 뒤늦게 만났어도 오래 만난 듯 잘 통하고 마음을 주고 싶은 이가 있다. 우리는 만난 지 불과 몇 시간 만에 서로에게 강하게 끌리고 있었다.

수빈의 홀로서기

에스떼야는 참으로 아름다운 마을이었다. 좁은 골목 사이로 와인색 미니열차가 지나다니고 다리 아래로 개울이 흐르는 너무 크지도 작지도 않은, 예쁜 마을.

승령, 수빈과 나는 우리의 만남을 기념하기 위해 마트에서 와인과 과자를 사고 바르에서 간단히 요기를 하기로 했다. 언제나 우리의 최대의 관심사는 최고로 맛있는 음식 고르기! 주문에 실패하지 않기 위해 열띤 토론을 벌였고 빠따따스와 돼지고기 스테이크를 주문했다. 얼마나 맛있는 요리가 나올지 입맛을 다시면서.

바르 바로 앞에는 성당과 큰 광장이 위치해 있어서 아이들은 공놀이를 하며

뛰놀았고, 노천 테이블에서는 마을 사람들이 즐거운 한때를 보내고 있었다. 까미노에서는 이렇게 작은 마을에서 현지 사람들의 삶을 엿볼 수 있어서 좋다고, 에스떼야는 그 모습을 자연스럽게 마주하기에 참 좋은 마을 같다고 이야기했다.

수빈은 이 마을이 마음에 드는 것 같았다. 그리고 말했다. 하루 더 이곳에서 머물고 싶다고. 이곳을 조용히 구석구석 둘러보고, 정리하는 시간을 갖고 싶다고. 그래서 나는 흔쾌히 제안했다.

"여기서 하루 더 있는 게 어때? 나는 천천히 먼저 걷고 있을 테니까 쫓아와. 정 안되면 하루는 버스 타면 되니까! 그리고 우리는 2~3일 뒤에 다시 만나자."

그렇게 우리는 까미노 닷새 만에 따로 걷기로 했다. 그녀가 단지 이 마을이 마음에 들어서가 아니라, 오롯이 혼자가 되고 싶었다는 사실을 안 건 한참 후의 일이었다. 우린 이곳에 오기 전에도 늘 이야기했다. 우리는 함께 까미노를 하지만 이 까미노는 각자 스스로의 여행이기도 하다고. 그러니 서로를 옭아맬 이유는 전혀 없다고. 수빈은 홀로 까미노 위에 서기 위해 용기를 냈던 것이고, 나 또한 그녀의 결심 덕분에 홀로서기를 위한 첫걸음을 내딛었다.

산티아고 순례길,
여자 혼자서도 괜찮나요?

산티아고 순례길,
여자 혼자 가도
괜찮나요?

질문이
있어요!

위험하진
않을까요?

음... 여성분들이
가장 많이 묻는 질문이군,
결론적으로 말하자면!

나는
지금
진지
하다...

앨버킨의 무엇이든 물어보세요

"혼자오는 여성 순례자들이 더 많아."

나, 혼자!

나도 혼자!

워낙 유명한 '순례길'이다 보니
길 위에 다른 순례자들도 많고,
다른 위험국가나 여행지에 비해
치안은 좋은편에 속하거든!

나는 아직 성인도 채 되지 않은,
18세 독일 소녀 순례자가
까미노를 혼자 걷는 것도 보았는 걸?

18세

29세

니가
18살
이라고?!

헉?!

니가
29살
이라고?!

물론
발육상태는
정반대

그냥
스페인의
바바리맨

다행히 그 변태 탈방구가
우리에게 해코지를 하거나
더한짓을 하지는 않았지만

우리는 졸지에 성희롱을 당하고
별다른 대응을 할 수는 없었어.

또 다른 변태
안본눈 사요!
아방..
독...
스페인
남성 내의
그것을
보고야
말 았군..
대놓고
비웃어줄걸..

그러니,
언제나 방심은 금물!
그리고 다음 사항을
꼭 기억해둬!!

나는
지금
심각하다..

1. 너무 이른 시간, 혹은
밤 늦은 시간대에
혼자 다니지 않는다.

까아악
무서월

2. 무리를 지어 걷는 것도
하나의 방법! 특히 새벽
시간이나 으슥한 공간은 더더욱!

혼자 왔지만 함께걷기

어디라도
100% 안전한 곳은 없어.

하지만 산티아고 순례길은
생각한 것만큼 '오지'라거나
위험한 곳은 아니라는 것!

홀로걷기, 어른연습

"조심히 잘 걸어. 3일 뒤에 봐."

이른 아침 배낭을 꾸려 나가려는 내게 2층 베드 위에서 부시럭부시럭 눈을 비비며 일어난 수빈이가 인사를 건넸다. 나 또한 미소 지으며 그녀에게 손을 흔들었다. 이별의 인사는 아니어서 슬프지는 않았다. 그런데 기분이 묘했다. 어제까지도 우린 함께하며 때론 거리를 두고 걸었는데, 온전히 혼자가 된다는 것은 확실히 다른 느낌이었기 때문이다.

알베르게를 나온 시간은 5시 50분. 하늘은 푸르스름한 보랏빛을 띠고 있었다. 새벽빛으로 에스떼야의 거리는 더욱 반짝였다. 걸음을 옮기고 얼마 지나지 않아 푸른 보랏빛은 핑크빛으로 번졌고, 밤새 어디엔가 숨어있었을 해가 그 모습을 드러냈다. 구름은 거대한 고래와 가오리 형상을 하고 하늘을 무대삼아 부드럽게 유영하고 있어서, 하늘이 마치 핑크빛 바다처럼 느껴졌다. 이 커다란

핑크빛 세상 아래 나 혼자인 듯 느껴졌다. 갑작스레 가슴이 벅차올랐다. 떨림, 두근거림, 설렘 등이 뒤섞여 꿀렁거렸다. 생각해보니 나에겐 두 번째 까미노지만 혼자가 되어 걷는 것은 오늘이 처음이었다.

'홀로 걷는 것이 이렇게 기분 좋은 일이었나?'

사실 혼자라는 게 내게 그리 새로운 일은 아니었다. 성인이 되고부터, 어떤 그룹이나 조직에 속하지 않고 일을 하다 보니 혼자 밥 먹는 것쯤은 전문분야가 되었고, 혼자 가게에 가서 물건을 사는 것, 혼자 작업하는 것 등 혼자인 생활이 꽤 익숙한 터였다.

하지만 혼자 걸어본 적은 손에 꼽을 정도였다. 게다가 타국의 땅에서 완전히 혼자가 되어 걷는다는 건 좀 특별했다. 낯선 풍경에 낯선 상황, 낯설음의 극대화는 평소와는 다른 낯선 생각과 감정을 불러일으켰다. 홀연히 떠오르는 생각은 대화가 아닌 독백이 되어 둥둥 떠다니다가 새로운 물음표를 달고 내게 돌아왔다. 광활한 풍경 속을 걸으니, 즐겨보던 판타지 소설 속의 모험가가 된 기분도 들었다. 이 순간이 꿈 같이 느껴졌다.

새로운 순례자 친구를 사귀는 것이 이 길의 매력이라고 생각했는데, 홀로 걷는 까미노야말로 내게 새로운 환희를 안겨주었다. 까미노를 시작한 지 이제 겨우 일주일이 되어 가던 참이었다. 만약 혼자인 게 익숙한 게 아니라, 혼자인 것 그 자체를 즐길 줄 아는 것이 어른이라고 한다면, 나는 이제야 어른의 기분을 조금 알게 된 것일까?

평범함이 특별함으로

혼자 걷기에 심취해 있을 때, 멀리서 누군가가 인사를 건넸다. 큼지막한 기타를 들쳐 멘 그는 얼핏 보아도 아렌이었다. 기타를 메고 까미노를 하겠다고 온 아이리시 보이. 혼자만의 고독하면서도 온전한 평화가 깨지긴 할 테지만, 나는 그와 함께 걷기를 선택했다. 2년 전 북쪽길을 걸으며 길 위에서 얻은 인연을 소홀히 대했다가는 두고두고 후회한다는 것을 배웠기 때문이다.

사막처럼 건조하고 뜨거운 길을 우리는 나란히 걸었다. 그와의 대화를 위해서는 서툰 영어를 총동원해야 했기에 나는 풍경보다 그의 말에, 곱슬거리는 턱수염으로 덮여 우물거리는 그의 입모양에, 그의 몸짓에, 그의 올리브그린색 눈빛에 집중해야 했다. 30cm의 키 차이 때문에 그는 나를 내려다보고, 나는 그를 올려다보아야 했다. 무슨 이야기를 나눴는지는 세세히 기억나지 않는다. 그러나 놀라운 건, 나의 영어가 무척 어설펐을 텐데, 우리는 다양한 주제의 대화를 쉽게 이어나갔다는 것이다.

서로의 안부, 발의 상태, 까미노에 온 이유. 거기까지는 매일 만나는 모든 순례자들과 나누는 공통적인 대화 내용이었다. 국가 또는 문화의 차이, 종교, 좋아하는 것들, 채식주의자가 된 이유, 까미노를 걸으며 무슨 생각을 하고 어떤 감정을 느끼는지, 우리에게 내재해있는 다양한 감정들, 분노, 행복, 아픔, 기쁨, 슬픔, 음악과 예술, 표현의 방식, 까미노를 걸으며 보고 싶은 사람에 대해서….

할 말이 떨어지면 우리는 말하기를 멈추고 조용히 바람을 느끼고, 꽃향기를 맡고, 밀을 따서 밀알을 씹어 먹고, 아무도 없는 도로 위에서 두 팔 벌려 땀을 식히며 쓸데없는 농담을 주고받고 깔깔거리기도 했다. 외국인을 대할 때마다 바짝 들었던 긴장은 바람과 함께 날아가 버리고, 땀과 함께 증발해버렸다. 우리는 바람처럼 자유로웠다. 우릴 녹여버릴 듯한 뜨거운 태양도 언어도 30cm의

눈높이 차이도 우리가 자유로워지는 데에 아무런 방해도 장애도 되지 않았다.

그때부터였다. 단지 '기타를 메고 온 아이리시 보이'였던 아렌이 자신의 음악으로 누군가를 치유하는 과정을 사랑하는 25세 청년으로 보인 것이. 악보를 볼 줄 모르지만 직접 곡을 쓰고, 기타를 치고, 노래를 부르는 뮤지션으로, 발 전체가 물집과 진물투성이가 되었지만 누구보다 이 순간을, 까미노를 즐기는 친구로 기억되기 시작한 것이.

작은 마을을 사랑하게 된 이유

사막과 같이 바삭바삭한 공기를 가르고 마침내 산솔(Sansol)에 도착했다. 산솔은 대부분의 순례자들이 지나쳐가는 작고 조용한 마을이었다. 순례자들이 많이 묵는 로스 아르코스(Los Arcos)를 지나쳐 산솔까지 온 이유는 28일이라는 나의 빠듯한 일정 때문이었다. 함께 걸었던 아렌도 함께 산솔에 머물기로 했다. 산솔의 첫 번째 알베르게를 잠시 둘러보고 두 번째 알베르게로 들어섰다. 그리고 단 1초 만에 이곳에 머물기로 결정했다. 이곳에는 족욕풀이 있었던 것이다! 라라소냐 알베르게에서 키친을 공유했던 이탈리아 소녀 마르고와 그녀의 아버지는 이미 족욕풀에 앉아 여유 있는 미소로 우리를 바라보고 있었다. 늘 그렇듯 쎄르베싸 그란데를 주문해 하루 종일 갑갑하게 짓눌리고 고통 받았을 두 발을 시원한 물에 담그는 순간, 그곳은 천국이 되었다. 한 손에 맥주를 들고 찬물에 발을 담그는 작은 행복, 그것으로 우린 모든 걸 다 가진 사람처럼 굴었다. 어쩌면 우리는 시원한 맥주의 청량함, 억압되었던 두 발의 해방감을 최고

조로 느끼기 위해서 그 뜨겁고 기나긴 길을 걸어왔는지도 모른다.

하늘은 눈이 시릴 정도로 새파랬고, 산솔의 알베르게에는 나와 아렌, 마르고와 아버지, 그리고 다른 순례자 세 명이 전부였다. '이 마을에 생명체가 있긴 한 걸까?'라는 생각이 들 정도로 한적함을 넘은 적막감은 저 멀리 내다보이는 풍경을 더 입체감 있는 작품으로 깎아냈다.

더위를 식히고, 마을에 하나뿐인 바르에서 저녁식사를 했다. 주문한 해산물 요리는 형편없는 맛이었지만, 우리에겐 좋은 맥주와 와인, 음악, 그리고 붓과 팔레트가 있으니 그것만으로 충분했다. 한번씩 몰아서 불어오는 센 바람도, 지나가는 순례자에게 건네는 여유 가득한 인사도 좋았다. 아렌은 기타를 치며 노래를 불렀고, 나는 그 장면을 작은 종이에 꾹꾹 눌러 담았다. 별다른 이유 없이 들른 마을. 그 조용한 마을이 주는 평화. 그리고 마음의 뿌리까지 씻겨내는 듯한 평안은 오래도록 잊히지 않을 것 같다. 이것이 내가 까미노에서 '특별하지 않아도 그저 작은 마을을 사랑하게 된 이유'이다.

When we were young

까미노의 하루는 음악과 함께 시작된다. 어떤 순간에는 음악이 고유의 아름다움을 해치기도 하지만, 아침을 여는 이 시간만큼은 꼭 좋아하는 노래를 재생한다. 나의 선곡은 아델의 'When we were young' 낮고 느린 피아노와 베이스의 곡조로 시작하는 새벽은 하루를 통틀어 내가 가장 좋아하는 시간이다.

너는 마치 한 편의 영화 같아
너는 한 곡의 노래 같이 들려
오, 이 모든 게 떠오르게 해
우리 어렸던 그 시절을

이 빛 속에서 네 사진을 찍게 해줄래?
어쩌면 지금은 우리가 알지도 못한 채 흘러갈
우리가 온전히 우리다울
마지막 순간일지도 모르니

우리는 나이가 들어감에 슬퍼했고
그 사실에 무력해졌지

푸른 새벽 위에 가녀린 초승달이 걸려있다. 어둠이 짙은 탓에 희미한 달빛에 의지해 길을 더듬어 나간다. 주변이 잘 보이지 않는 대신 다른 감각들이 생생하게 깨어난다. 아델의 진득한 목소리가 완곡한 언덕에 내려앉는다. 젊은 시절을 그리워하는 노래 가사가 풍경을 더욱 아득하게 그려낸다.

어린 시절의 나는, 과거를 그리워하는 버릇이 있었다. 초등학생도 채 안되었던 나이에 돌 기념 비디오 속 어린 나를 보고 그렇게 울었다고 한다. 저 속으로 들어가고 싶다고, 저 시절로 돌아가고 싶다고. 어린 게 뭘 알고 어린 시절을 그리워했는지. 의미 없는 어리광이었던 걸까. 아니면 사람은 태생적으로 과거를 그리워하는 습성을 갖도록 설계된 생물인 걸까.

지금은 더 이상 지난날의 사진을 보며 울지는 않는다. 하지만 그 시절을 그리워하는 건 마찬가지다. 나이가 들어간다는 사실에 슬퍼하지는 않지만, 가끔 다시 돌아가고 싶다는 생각을 한다. 그리고 그 기억을 떠올릴 때의 감정은 행복함보다는 아련함에 가깝다.

그러나 시간은 흘러가는 것이고, 젊음은 상대적인 것이다. 매일 같이 일어나 어둠 속에 좋아하는 노래를 들으며 걷는 시간도, 어둠 속에 이정표를 잃고 헤매며 쩔쩔매는 시간도, 다리는 뻐근하고, 배는 고파서 투덜거리는 시간까지도. 언젠가는 이 순간들을 가장 젊고 아름다웠던 시절이라 기억하는 날이 올 것이다. 너무 평범한 지금도, 못마땅한 순간들도 언젠가는 다시 돌아가고 싶은 나의 과거가 될 거라고, 노랫말이 속삭인다.

그래서일까. 오늘의 일출이 특별하게 아름답게 느껴지는 것은. 하늘은 새벽 어스름을 몰아내며 동그랗고 붉은 해를 토해냈다. 달팽이관을 타고 흐르는 노랫말이 유난히 마음에 꽂히는 아침이다.

그건 꼭 영화 같았어

그건 꼭 노래 같았어

우리가 어렸을 때 말야

혼자 갈까, 두고 갈까?

까미노에서 내게 주어진 시간은 단 28일이었다. 수빈이와 함께 28일 안에 걸어서 산티아고에 도착해서 까미노를 마치고, 포르투갈의 포르투로 넘어가 그곳에서 3박 4일 동안 여행을 마무리할 계획이었다. 더 여유로운 시간을 보낼 수 있다면 좋겠지만, 돌아가는 비행기 티켓은 이미 정해져 있었다. 그래서 하루에 기본적으로 35km, 적어도 25km를 걸어야 했다. 그래야만 계획했던 대로 움직일 수 있었다.

그런데 10km도 채 걷지 않았을 때, 어제부터 함께 걷던 아렌의 발 상태가 예사롭지가 않았다. 사실 그를 처음 봤을 때부터, 티내지 않지만 발바닥 전면에 거대한 물집으로 고통 받고 있다는 걸 알고 있었다. 두 번째 봤을 때 그는 절뚝이고 있었다. 그리고 지금의 그는, 걷기를 멈추지 않았다. 발의 감각이 무뎌진 상태로 걸음을 멈추지 않는 것은 물집의 상태가 심각한 순례자들의 특징이었다. 멈추는 순간 발바닥의 통증이 극심해져 계속 걸을 수가 없기 때문이다. 아무리 눈치가 없는 나라도 그의 상태가 좋지 않다는 것을 쉽게 눈치 챌 수 있었다.

10km쯤을 더 걸었을까. 얼핏 보아도 굉장히 큰 도시인 로그로뇨(Logroño)가 내려다보이는 벤치에 잠시 앉았다. 알 수 없는 침묵이 둘 사이를 흐르다가, 아렌이 먼저 운을 뗐다.

"킴, 너 로그로뇨에서 머물 거야?"

"음. 모르겠어. 너는?"

"네가 여기 머물든 더 걷든, 난 네가 가는 데까지 갈 생각이야."

"엥? 네 발의 진물을 봐. 넌 지금 걸을 수 있는 상태가 아니야."

"아니야. 나 더 걸을 수 있어."

"흠…."

내가 머뭇거리자 그는 다시 말을 이었다.

"만약 네가 혼자 시간을 보내고 싶은 거라면, 그렇게 해. 난 괜찮아."

그는 눈치가 빨랐고, 사람의 마음을 정확히 읽어낼 줄 알았다. 그랬다. 내가 머뭇거렸던 이유는 다시 혼자가 되고 싶어서였다. 두 번의 반나절, 그러니까 꼬박 하루를 함께 보낸 그와의 시간은 유쾌하고 즐거웠다. 워낙 살가운 친구라 함께 걷는 것도 자연스럽게 된 일이었다. 그렇다고 해서 이 친구와 더 이상 가까워지는 것을 바라지는 않았다. 정확히는 까미노에서 누군가와 깊은 관계를 맺는 것이 두려웠던 것 같다. 관계가 깊어지고 정들수록 혼자만의 시간을 지켜내기도, 헤어지기도 어렵다는 생각이 들었기 때문이다.

그런데 절뚝이는 녀석을 두고 가기엔 영 마음이 내키질 않았다.

'그냥 가도 되잖아? 자신의 몸은 자기 스스로 돌봐야 한다고!'

머리로는 모질게 정답을 내리고 있었으나 내 마음은 그리 똑부러지지 못했다. 그가 아프지 않았다면, 좀 더 냉정하게 말할 수 있었을까.

내 갈 길을 가야 한다고 말하는 머리와 어떻게 아픈 친구를 두고 가냐는 마음 사이를 치열하게 오가는데, 문득 이 시간이 마지막일지도 모른다는 생각이 들었다. 28일 동안 부지런히 걸어야 하는 나와 40일 동안 여유 있게 걸을 거라는 아렌이 만날 수 있을 확률은 앞으로 더 희박해질 것이다. 그래, 어차피 뒤따라오고 있는 수빈이와 속도도 맞춰야 하니까.

"로그로뇨에서 머물러야겠어! 아까 순례자들이 말하는 걸 들어보니까, 꽤

볼거리가 많은 도시라 하더라고!"

나를 위한 결정인 척 말했다. 언젠가 조금 더 걷지 못한 것을 후회할 수도 있
다. 하지만 어떤 선택을 하더라도 후회할 거라면, 마음이 흔들리는 쪽을 선택
하기로 했다. 그리고 오래 지나지 않아 그것이 옳은 결정이라고 믿게 되었다.
주어진 인연에 최선을 다하지 못한다면 두고두고 후회할 거라는 것을 깨달았
기 때문이다.

3제곱미터의 행복 반경

며칠간 조용한 마을만 지나다 머물게 된 로그로뇨는 모든 문명을 만날 수 있는 곳이었다. 큰 마트, 병원과 약국, 공원과 상점들, 수많은 레스토랑과 분위기 좋은 노천식당, 북적이는 거리의 활기.

그러나 정오에 도착한 우리가 남은 반나절동안 이곳에서 한 일이라고는 아무도 지나지 않는 광장의 나무 아래 잔디밭에 누워 이야기하고, 기타 치며 흥얼거리는 일. 우리의 행동반경은 3제곱미터밖에 되지 않는 잔디밭 안이었다.

구경거리와 먹을거리가 넘쳐나는 대도시임에도 아무 데도 돌아다니지 않고 한 곳에서 몇 시간이고 머물렀던 까닭은 우리가 궁색한 행색의 순례자라서가 아니었다. 우리의 관심사가 분위기 좋은 식당이나 도시 관광과 같은 문명이 주는 풍요로움이 아니라 오로지 잃어버렸던 여유와 즐거움을 찾는 데 있었기 때문이었다.

우리는 기타 줄을 퉁기며 함께 노래를 부르고, 마트에서 사온 3유로짜리 와인과 사과맥주를 마셨다. 로그로뇨에 먼저 도착해 있다는 승령이도 불렀다. 며칠 만에 재회한 우리는 그동안의 이야기를 나누며 눈물 나도록 웃었다.

까슬거리는 잔디밭 위, 단 3제곱미터의 단출한 장소였지만 그림과 음악, 값싼 와인, 그리고 마음 맞는 순례자 친구들과 함께한 시간은 최고로 근사한 시간이 되었다.

자연친화적인 길

어제의 우리는 내일이 없는 사람처럼 먹고 마셨다. 그리고는 침대에 뻗어 곤히 잠들었다. 그런데 신기하게도 나의 생체 리듬은 까미노 알람이 세팅되어 있는 것처럼 눈이 번쩍 뜨였다. 정확히 5시였다. 평소라면 9시에 일어나는 것도 힘들었는데, 누가 흔들어 깨운 것도 아닌데 눈을 뜨다니. 뜻하지 않게 바른생활 청년이 된 기분이다.

오랜만에 다시 혼자가 되어 걷는 길은 여전히 상쾌했다. 로그로뇨는 대도시여서 빠져나오는 것만으로도 한참이 걸렸다. 대도시일수록 노란 화살표를 찾기가 힘든데, 어둡기까지 하니 길을 잃지 않도록 모든 신경을 집중했다. 걷다가 표식이 안보이거나, 길이 헷갈릴 때에는 다른 순례자들이 나타나기를 기다렸다. 20년간 살아온 우리 동네에서조차 길을 잃는 심각한 길치인 내가 선택한 생존전략이었다. 그러나 까미노에서는 길을 잃는다 해도 마을 사람들이 길을 가르쳐주기 때문에 큰 걱정을 할 필요가 없다. 한마디도 알아들을 수 없는 스페인어지만, 그들의 친절한 손동작대로 따라가다 보면 다시 노란 화살표를 찾을 수 있었다.

오늘의 까미노에는 유난히 동물 친구들이 많았다. 내 발걸음 소리에 놀란 토끼가 귀여운 엉덩이를 흔들며 뛰어갔고, 길옆에 난 호수에는 오리가 한가롭게 떠다녔다. 산책로에는 백조 가족이 아침 산책을 즐겼다. 덕분에 다시 혼자가 된 이 길이 전혀 외롭지 않았다. 좋은 공기, 신선한 바람, 초록 초록함으로 도시

의 소음들로 괴로웠을 귀와 눈이 씻겨나가는 것 같았다. 인공적인 것들로 무뎌

졌던 모든 감각들이 조금씩 살아나는 듯했다. 자연이 주는 편안함은 조용하지

만 위대했다.

아스따루에고!

오늘 신세질 마을인 '나헤라'는 느낌이 좋은 곳이었다. 딱 한 사람이 지나다 닐 정도의 좁은 인도를 걷다보니, 큰 개울이 흐르는 다리가 나타났다. 다리를 기준으로 마을이 나누어져 있고, 내가 묵을 알베르게는 다리 너머에 있었다. 개울 주변으로는 잔디밭과 함께 파스텔톤의 나무들이 흐드러져있었고, 마을 뒤편으로 거대한 붉은 돌산이 인상적이었다.

나헤라에서 아렌과 승령이를 다시 만났다. 작별인사가 무색할 만큼 우리는 자주 마주쳤다. 얼굴을 마주치는 횟수만큼 반가움은 배가 되고, 다시 만난 기쁨에 간단한 저녁식사를 마치고 승령이와 개울 앞 벤치에 앉았다. 물론 마트에서 사들고 온 와인 한 병과 체리 한 봉지와 함께. 변덕스러운 날씨는 천둥과 번개비를 쏟아내더니 실크 커튼과 같은 고운 빛내림을 선사했다. 완벽한 풍경! 완벽한 스페인 와인! 풍류를 즐기기에 그 모든 것이 완벽했다. 그런데 웬걸. 한 가지 치명적인 실수가 있었으니, 우리에게 와인 오프너가 없다는 사실이었다.

이대로 포기하기엔 우리는 못 말리는 와인애주가였다. 간절함은 사람을 용 감하게 만든다. 나는 근처 바르로 달려가 말도 통하지 않는 바텐더에게 와인을 통째로 내밀고 따달라는 시늉을 했다. 혹시라도 대낮의 술주정뱅이로 보이진 않을까, 부탁을 내치진 않을까 조마조마했지만, 바텐더는 흔쾌히 부탁을 들어 주었다. 이런 상냥함이 스페인이라서인지 까미노라서인지 모르겠지만, 감동 이었다. 그러나 더 큰 감동은 다른 데 있었다.

바텐더 앞에 앉아 술을 마시던 할아버지가 갑자기 내 와인 병을 채가더니, 뭐라뭐라 말하는 것이었다. 짐작컨대, 이 지역산 와인이 아니라고 하는 것 같았다. 마트에서 가장 싼 와인을 집어 들었으니 그럴 만도 했다. 그는 나에게 나혜라산 와인을 먹어보고 싶냐고 묻더니 바텐더에게 시켜 그 자리에서 새 와인을 한 병 따서 내게 따라주는 것이었다. 알고 보니 그는 바텐더의 아버지였고, 졸지에 나는 초면의 나혜라 주민 할아버지와 건배를 하게 되었다.

"살루드(건배)!"

나혜라산 와인의 향은 무겁지만 풍부했다. 하지만 그 맛이 어떠하든, 이방인 순례자에게 베풀어준 와인 한 잔은 그 어떤 와인보다 달콤하고 풍요로웠다. 이 순간 내가 순례자임이 감사하고 자랑스러웠다.

오픈한 와인을 들고 승령이에게로 달려갔다. 그리고 벤치 앞에서 우리는 즐거운 시간을 보냈다. 우리가 어떻게 만나게 되었으며 까미노가 얼마나 좋은지, 지금 이 순간이 얼마나 행복에 겨운지에 대해 이야기하면서. 강가에 흐르는 물소리, 빛내림과 오렌지빛 일몰, 저렴하고 달콤한 와인, 가벼운 옷차림과 대화들…. 너무나 소중한 순간이고 인연이었다. 하지만 애석하게도 승령이는 다리의 컨디션이 좋지 않아 이곳에서 하루를 더 머물 거라고 한다.

이제야 정이 들었는데 다시 헤어져야 한다는 것이 아쉬웠지만, 승령이를 우연이 아닌 필연처럼 만났듯, 언제 어디선가 다시 보게 될 거라고 믿었다. 그렇기에 우리가 외친 마지막 말은 "아디오스"가 아닌 "아스따루에고"였다. 그것은 "다음에 다시 만나요"라는 뜻이었다.

라인이 아닌, 스스로의 선택

오늘도 어김없이 홀로 풍경을 음미하며 걷고 있었다. 그러다 불현듯 주머니 속 진동이 느껴졌다. 휴대폰 화면을 확인해보니, 부재중 전화 여러 통과 함께 문자메시지가 와 있었다. 어제 잠시 동안 함께 걸었던 H군이었다.

'아, 누나. X 됐어요.'

거친 육두문자에 그에게 심상치 않은 일이 일어났다는 것을 예감했다. 무슨 일이냐고 물어보니, 알베르게에 여권을 놓고 왔다고 한다. 내가 아직 출발하지 않았으면 여권을 가져다달라고 부탁하려고 했단다. 그러나 애석하게도 나는 이미 출발해서 한참을 걷고 있던 중이었다. 그가 지금 있다는 곳에서 알베르게 까지는 5km 남짓한 거리이니까 얼른 택시를 타고 갔다 오라고 일러주었다.

다음 마을인 아조프라(Azofra)에서 아침식사를 하고 있을 때 그가 나타났다. 망연자실한 모습으로. 알베르게에 갔는데 여권은 없었고, 크레덴시알도 함께 잃어버렸다고 한다. 그는 몹시 당황하고, 화가 나 있었다. 멘탈에 큰 타격을 입은 것 같아 보였다. 지금 당장 마드리드에 있는 대사관으로 갈 거고 내일 집에 돌아가야겠다고 했다. 그가 어쩔 줄 몰라 하는 것을 보고 순례자들이 하나 둘 모여들어 자기 일처럼 걱정하며 함께 대안을 궁리해주었다.

순례자들이 머리를 모아 내린 결론은 이랬다. 누군가가 그 여권을 훔쳐갔을 수도 있지만, 알베르게에서 아직 찾지 못해서 청소하다가 발견할 수도 있고, 미처 찾지 못한 여권이 가방에서 나올 수도 있고, 누군가가 여권을 주웠다면

돌려줄 가능성도 있다고. 그리고 여권이 없으면 오늘 밤 알베르게나 숙박시설을 이용할 수 없겠지만, 사정을 이야기하면 그 상황을 헤아려주지 않을 스페인 사람은 없을 거라고. 그러니 걱정스럽겠지만 일단은 걸으라고, 걷지 않더라도 당장 돌아가지 말고 연락을 기다려보고, 내일이 되어도 찾지 못하면 그때 떠나도 늦지 않을 거라고. 좌절에 빠진 그를 진정시키기 위해 모두가 입을 모아 말했다.

30분 뒤, 그에게서 문자 한 통이 왔다. 마드리드 행 버스를 탔다는 문자였다. 짧은 시간 동안 만난 사이였지만 마음 한쪽이 시큰거렸다. 30일간의 여정에서 어떤 순례자라도 본의 아니게 포기하기를 바라지 않기 때문이었다.

'가지 말고 남아. 그리고 계속 걸어. 당황스러운 일을 겪었지만, 넌 괜찮아질 수 있을 거야. 지금 그 혼란스러운 마음으로 까미노를 그만둔다면, 분명 후회할지도 몰라.'

그를 돌이켜 세우려는 말이 목구멍까지 차올랐지만, 애써 다시 우겨 넣었다. 그것 또한 그의 선택일 테니까. 그가 포기를 하든 후회를 하든 먼 훗날 못다 한 걸음을 하러 다시 이곳에 오든, 그것 또한 그의 까미노일 테니까.

밀밭 사이로 춤추는 그림들

입맛이 없어 노천 바르 구석에 앉아 조촐한 식사를 하고 있을 때였다. 누군가 말을 붙여왔다.

"여기 앉아도 될까?"

많이 타버렸다고 생각한 나보다 더 구릿빛 피부에 자주색 헤어밴드와 보라색 브릿지가 인상적인 그녀. 샌프란시스코에 살고 있다는 동갑내기 그녀의 이름은 멜라니였다.

우리가 동갑이어서였을까. 그녀가 동양계 혼혈이라 어딘지 모르게 친근한 느낌이 들어서일까. 우린 함께 걸으며 곧 친해졌고, 그녀에게서 뿜어져 나오는 밝은 에너지는 나까지 덩달아 웃음 짓게 했다. 하늘은 찌뿌둥했지만 그녀는 하늘의 색감이 아름답다고 말할 줄 아는 사람이었다. 그러나 우리는 걷는 속도가 달랐다. 그녀는 잠시 쉬어야겠다고 곧 쫓아가겠다고 했고, 나는 앞서 걸음을 옮겼다.

'어쩌면 그녀는 혼자이고 싶었던 게 아닐까?'

그런 생각을 하니 자연스럽게 나의 걸음이 빨라졌다. 흐린 하늘 아래의 밀밭은 좀 더 무거운 잿빛을 띠었고, 그 깊이를 헤아리며 걷는 걸음에는 나만의 리듬이 생겼다. 때로는 듣고 있는 음악의 리듬에 발걸음을 맞추기도 했다. 그러다가 문득 오늘의 까미노가 너무나도 그림 같아서, 도저히 그냥 지나칠 수 없

다는 생각이 들었다. 나는 그 자리에 멈춰 서서 배낭을 벗어던졌다. 그리고는
배낭을 의자 삼아 까미노 한복판에서 팔레트를 펼쳤다. 지나가던 순례자들은
그림 그리는 나에게 엄지를 치켜들어 격려해주었다.

30분정도 붓을 놀리고 있을 때 멜라니가 쫓아왔고, 그녀도 배낭을 집어던지
며 말했다.

"킴! 너 정말 엄청 빠르다! 쫓아오느라 엄청 힘들었어!"

그녀의 장난스런 웃음 때문이었을까, 나를 피하고 싶었던 게 아니라는 걸 알
아서 안도감이 들어서일까. 나도 덩달아 웃었다. 그녀도 곧 종이와 붓, 펜을 꺼
내들고는 작업을 시작했다. 뭘 하는지 슬쩍 들여다보니 놀랍게도, 캘리그라피
였다. 그녀의 문자들은 마치 춤추는 그림 같았다. 어떤 단어를 쓰는 거냐고 묻

자 순간에 떠오르는 단어들, 또는 단편적인 생각들이라고 했다. 순간의 영감에 충실해 하나의 패턴으로 그려내는 그녀의 작업이 마음에 들었다. 언젠가 그녀의 캘리와 나의 수채화로 콜라보 작업을 해보자고 약속했다.

각자의 드로잉북에 몰입한 우리 사이에는 푸른 바람 소리만 스쳐지나갈 뿐이었다. 많은 것을 가지지 않아도 우리는 행복했다. 그 행복은 물질적 보상이나 만족이라기보다는 순수한 교감이자 행복감이었다. 이미 알고 있으면서도 삶에 치여 망각하거나 의심스러운 생각이 들곤 하는 불변의 진리. 그 진리를 온몸과 마음으로 느끼게 해 준 이 길, 이 순간, 타국의 동갑내기 순례자에게 감사했다.

내 그림을
사랑하게 된 이유

1g이라도 짐의 무게를 줄여야하는 까미노에 난 붓과 파레트, 드로잉북을 챙겼어.

왜냐고?

까미노의 아름다운 풍경을,
그 곳에서 받은 영감을 그림으로 담고싶다는
나만의 '꿈'이 있기 때문이었지.

하지만 난,
미술이 전공임에도 불구하고
아니, 전공자이기에 '잘 해야한다'는
강박 때문인지 자신이 없었어.

잘
그려야해

전공자

전공자잖아?

독별한
그림을
그려야지!

작품성은?

그래서 까미노에서도
그림을 그릴때면
늘 구석에 숨어서 그려야 했어.

눈치

힐끗

스 으 윽 /

그러던 어느날,
여느때처럼
아무도 없는 곳에서
그림을 그리고 있을 때,
누군가가 내게 다가왔어.

〈앵부리 시점〉

쓱-

우와-
너 정말 멋진 그림을
그리는 구나!

그 그림들 중
세번째 것 말야,
내게 팔지
않을래?

너만
괜찮다면
내가 사고싶어!

나는 너무놀라서
입이 다물어지질 않았어!

와아앗?!

마이 드로잉??
리얼리?!

그나마 나은 것   망친것   회생불가

제일 망친것

내 그림을 사겠다는 것도 놀랍지만,
더욱 놀라운 것은 그가 고른 것은
망쳐서 버리고 싶다고 생각한 그림 이기
때문이었어!

특히
이부분의 표현이
정말 마음에 들어!!

해 맑

똥망친종

쿡-

하하

그저 그냥
망쳐서
떡칠한건데...
비꼬는건가...

불현듯, 예전에
한 친구가 내게 해주었던 이야기가 떠올랐어.

네 그림에
자신을 가져도 되는
이유가 있어!

자,
들어봐!

믿어보라게!!
약장수스멜~

아홉수,
까미노

91

" 세상 사람들은
너무나도 다양해서

평범   요상   또라이   변태

그게 잘그린 그림이든 못그린 그림이든

세상의 누군가는 분명 그 그림을 좋아할거야

그러니 중요한 것은,
잘그렸나 못그렸나 고민할 시간에 한장 더 그리고,
최대한 많은 사람들에게 공유하는 것이야.

네 그림을
좋아해 줄
사람은

어딘가 있으니
찾아내기만
하면 돼.

공유 학개론

그러니 네 그림을 부끄러워 마.
사랑해줘.

머쓱-

네 그림
정말 맘에
들어!

넌 정말
멋진
아티스트야!

그러니
계속
해!

실제로 그 말이 맞았어.
까미노에서는 많은 사람들이
나의 그림을 좋아해 주었거든.

그것은 무엇보다
내 그림이 잘그린 그림이라거나,
내가 대단한 아티스트여서가 아니라

차아암
쉽죠잉?

앵 이전씨

나의 용기와 도전,
그런 본질적인 것들을 응원해주는 사람들이 모인
길이기 때문이었어.

콰라라 라 란

그래서 난, 이 길 에서만큼은 스스로를
누구에게도 부끄럽지 않은 아티스트라고
생각할 용기를 얻었고,

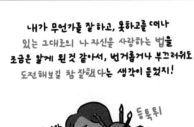

내가 무언가를 잘 하고, 못하고를 떠나
있는 그대로의 나 자신을 사랑하는 법을
조금은 알게 된 것 같아서, 번거롭거나 부끄러워도
도전해보길 참 잘했다는 생각이 들었지!

그러니,
까미노에 온다면
너만의 도전을
해보는 게 어때?

거창한 것 말고,
그냥 해보고 싶었는데
평소라면 망설였던
것들 말야.

분명 많은 이들의 응원을 받고
나의 강박이나 타인의 시선으로부터 자유로워져

어느덧
너의 행동, 너의 도전, 있는 그대로의 자신을
자랑스러워 할 스스로의 모습을 발견하게 될거야!

서양식 상남자의 고백법(?)

닭의 전설로 유명한 마을답게, 닭이 찢어지게 울며 하루의 시작을 알렸다. 까미노에서 만나는 오렌지빛 여명은 매일 아침 보아도 질리지가 않았다. 볼 때마다 소름 돋는 아름다움을 선사해주었다.

일출을 맞이하며 첫 마을 그라뇽(Grañón)에 도착하자 청록색 작은 푸드트럭이 나타났다. 영화 속에서나 나올 법한 앙증맞은 푸드트럭과 잔디밭 위에 놓인 테이블은 마치 피크닉을 온 듯한 착각을 일게 했다. 이곳이 최고의 아침식사 스팟이라는 것을 직감했다. 손수 짠 신선한 오렌지주스와 따뜻한 카페콘레체를 주문하고 잠깐 동안의 소풍을 즐겼다. 순례자들도 나와 같은 생각이었는지 모두가 푸드트럭 앞 테이블로 몰려들었다. 내 앞에 낯선 남자가 앉았다. 길에서 몇 번 마주쳤던 순례자인데, 이번에도 눈인사만 하고 나는 먼저 자리에서 일어났다.

　그라뇽은 하루 머물고플 정도로 아름다운 마을이었다. 마을 끝자락에서 바라본 끝없이 펼쳐진 황금빛 들판은 정말 눈이 부셨다. 감탄사를 연발하며 얼마나 걸었을까. 사진을 찍기 위해 주머니를 뒤적거리는데, 불안한 기운이 엄습했다.

　맙소사. 휴대폰 전용렌즈를 두고 온 것이었다. 그 조그만 걸 잔디밭에 떨어뜨린 후, 나중에 주워야지 생각만 하다가 챙기지 않았다는 사실이 이제야 떠오른 것이다. 그 렌즈는 홀로 걸으면서 사진 찍기를 좋아하는 나 같은 순례자에겐 필수품이었다. 40분가량 신나게 내려온 길을 다시 걸어 올라가야 했지만 별 도리가 없었다.

　도중에 만난 순례자들에게 몇 번이나 돌아가는 이유를 설명해야 했다. 순례자들은 하나같이 안타깝다는 말을 해주었다. 그들의 위로와 공감이 처음엔 고마웠지만, 10번째 같은 상황이 반복될 때쯤은 제발 그만 좀 물어봤으면 싶었다. 그러다가 11번째 순례자를 만났고, 그는 아까 푸드트럭에서 만나 눈인사한 남자였다. 그도 예외 없이 내게 물어왔다.

"어디 가?"

11번째 설명하는 중이었던 나는 슬슬 귀찮아져서 대충 둘러대고 싶었다.

"나 뭘 좀 두고 왔어."

"날 따라와."

대충 둘러대고 갈 길을 가려는 내게 다짜고짜 따라오라는 이 남자. 뭐지? 이것이 서양식 상남자의 고백법인가?

"응? 나 중요한 걸 두고 왔⋯."

"그냥 날 따라오라니까. 너한테 줄 게 있어."

내게 줄 것이 있다며 손짓하던 그는 호주머니에서 하얀 티슈로 감싼 무언가를 건넸다. 그제야 알았다! 그가 주려던 건 바로 내가 잃어버린 렌즈라는 사실을. 그리고 까미노의 반대 방향으로 허둥지둥 걸어 올라가던 내 사정을 뻔히 알고 있었다는 사실을. 나는 괜한 오해에 무안하고 한편으로는 고마워서 어쩔 줄을 몰랐고, 그는 씨익 웃어 보일 뿐이었다.

그렇게, 나는 보이텍과 함께 걷기 시작했다.

세 번째 까미노를 하게 된 사연

허둥지둥 올라왔던 길을 다시 내려가는 길, 마음이 한결 편해져서일까. 황금빛 들판은 다시 보아도 아름다웠다.

"아까도 보고 이 풍경을 두 번째 보는 건데, 보고 또 봐도 아름다워!"

"그치? 난 세 번째 보는데도 여전히 좋은 걸?"

그랬다. 보이텍은 프랑스길만 세 번째라고 했다.

시카고 출신의 보이텍은 오토바이를 너무나도 사랑한 나머지 오토바이로 유럽 일주를 계획했다. 영화 「모터사이클 다이어리」를 꿈꾸며. 그러나 꿈의 여정을 달리던 도중, 일정의 반을 남겨두고 사고를 당해 한쪽 다리를 심하게 다쳤다고 한다. 흥미진진하게 이야기를 듣고 있던 나는, 소리 없이 경악했다. 그런 내 얼굴을 보고 보이텍은 웃으며 자신의 두 다리를 들어 올려 보여주었다. 다행히 지금은 완전히 나았고, 재활차원에서 시작했던 까미노를 어느덧 세 번째 오르게 된 것이라고 했다.

까미노의 빛바랜 밀밭과 같은 색을 옷을 입고 붉은 기 도는 갈색머리와 수염을 가진 보이텍은 의외의 남자였다. 외모는 영락없는 시카고의 카우보이였지

만, 술 담배를 안 하고 콜라를 사랑하는 사람이었다. 그의 배낭에 꽂힌 노란 바나나 세 개가 귀여워보였다. 그는 바나나와 말린 무화과를 내게 권했다.

"그런데 왜 프랑스길만 세 번을 걸은 거야? 다른 길을 걸어보고 싶진 않아?"

"음. 난 그냥 이 길이 좋아. 두 번째 걸었을 때도 달랐지만 세 번째인데도 또 다른 걸. 매번 새로워. 계절마다도 새롭고, 또 매번 새로운 사람을 만나잖아? 난 그게 좋아."

껄렁거리는 농담을 건네도, 그가 진득하고 좋은 사람이라는 걸 느낄 수 있었다.

오토바이 여행을 꿈꾸었던 보이텍이 세 번씩이나 까미노를 하게 된 사연, 몇 번씩 마주쳐도 대화를 나누지 않았던 우리가 친구가 된 계기. 사람 일이란 이토록 알 수 없는 것이었다. 무심코 지나칠 수 있는 보이텍과 나의 인연이, 내가 잃어버린 렌즈로 인해 은인이 되고, 오늘의 동행이자, 만날 때마다 기쁘게 포옹할 수 있는 친구가 된 것처럼. 이런 일들은 대부분 짜증나거나 실망스럽다고 여기는 것들로부터 비롯된 것이었다.

우리 주변에서 일어나는 모든 해프닝은 어쩌면 새로운 기회일지도 모른다. 누군가를 만날 수 있는 기회 같은 것 말이다. 우리에게 일어나는 모든 일들의 실타래를 따라가다 보면 결국은 인연이라는 매듭과 맞닿아 있는지도 모르겠다.

눈물의 재회

사람 마음이라는 게 참 알 수 없다. 아까까지만 해도 좋았던 기분은 온데간데없고 출처를 알 수 없는 우울한 감정이 덮쳐왔다.

비가 쏟아지는 을씨년스러운 날씨에 영향을 받았을 수도 있고, 요 며칠간 능숙하지도 않은 영어로 말하느라 조금 지쳐왔던 것일 수도 있다. 며칠 전 여권을 잃어버렸던 H군의 무례함도 한몫 했다. 까미노를 떠나버린 것이 무색하게도 바로 다음날 여권을 찾은 그는, 알베르게 호스피탈레로를 통해 내게 여권을 맡아달라고 했다. 문제는 부탁을 들어준 입장인 나에게, 까미노로 다시 돌아온 H군은 여권을 가지고 이리 와 달라 저리 와 달라 하며 무리한 요구를 했다.

무엇보다도 결정적인 것은, 오늘도 역시 수빈이와 만날 수 없다는 사실이었다. 알베르게에 먼저 도착해 그녀를 기다리고 있는데, 빗줄기가 너무 거세져 올 수 없다는 연락을 받았다. 오늘은 꼭 만나기로 약속했지만 사람 몸도 뚫어

버릴 듯한 장대비 앞에서는 어쩔 수 없는 결정이라는 것쯤은 안다. 그런데 사람 마음이라는 게 그렇게 생각처럼 움직여지는 것이 아니었다. 어쩔 수 없는 상황인데도 슬퍼하는 나의 찌질함이 싫었고, 그럼에도 우울한 기분을 감출 수 없었다. 이 기분을 누구에게라도 털어놓고 싶은데, 영어로 이 상황을 설명해야 할 생각을 하니 벌써부터 지쳤다.

창밖으로 속절없이 쏟아지는 장대비를 바라보고 있는데, 알베르게 식당 테이블에 앉아있던 아이리시 패밀리가 내게 상그리아를 권한다. 그 자리에는 아렌도 함께였다. 녀석이 어느 때보다 편해 보이는 걸 보니, 같은 나라에서 온 사람들에게서 가족의 온기를 느낀 것 같다. 영어를 하느니 차라리 침묵을 지키겠다는 생각도 잠시, 상그리아의 유혹에 못 이겨 나는 합석하고 말았다. 나란 순례자, 못 말리는 술례자….

이 길을 걷는 순례자 중에는 아버지와 딸, 반려견과 주인, 노부부, 친구 등 여러 조합의 팀들이 있지만 이런 대가족은 처음이다. 부부와 아들 둘, 딸 둘. 아일

랜드 사람들은 어찌나 키가 큰지 이제 14살이라는 막둥이는 170cm는 훌쩍 넘어보였다. 일곱 거인들과 난쟁이 하나라니, 모양새가 영 우습다. 하지만 그들의 위압적인 덩치와 달리 내게 베풀어준 달콤한 상그리아 한 잔과 따뜻한 관심은 가족처럼 포근한 것이었다. 그들의 따뜻하고 유머러스한 대화를 지켜보는 것만으로도 훈훈해졌다. 우울에 빠져 있던 나는 어느새 그들에 섞여 웃고 있었다.

그때 누군가가 문을 박차고 들어왔다. 판초우의를 뒤집어쓰고 빗물을 뚝뚝 흘리며 등장한 그들은 다름 아닌 수빈이와 승령이였다! 뜻밖의 재회에 우리는 서로 부둥켜안고 원을 그리며 뛰었다. 알고 보니, 그들은 내가 있는 알베르게가 이곳인 줄 모르고 들어온 것이었다. 기쁨과 눈물의 재회였다! 게다가 그들 곁에는 새로운 동행이 있었다. 승령이 뿐만 아니라 재준오빠, 그리고 혁진이라는 친구까지 함께였다.

우리는 모두 함께 저녁식사를 했다. 그동안 있었던 이야기를 쏟아내느라 여념이 없었다. 내가 없을 동안 쌓아왔을 그들의 유대감이 드러났지만, 소외감이 들지는 않았다. 따뜻한 음식, 따뜻한 우리말, 따뜻한 와인 한 잔이 쫄아들었던 내 마음을 활짝 펴주었다.

오만 또는 편견

까미노의 1/3가량을 걷다 보니, 순례자마다 까미노에 임하는 스타일이 다르다는 것을 알게 되었다. 앞만 보고 빨리 걷는 사람, 길 위에서 늘어지듯 낮잠을 자거나 사진을 찍으며 여유를 부리는 사람. 술과 음식을 양껏 즐기는 사람, 부족한 듯 검소한 소비를 하는 사람. 혼자 걷기를 좋아하는 사람, 무리를 지어 다니는 사람들…. 이렇게 다른 성향은 개인의 가치관을 나타내기도 하고, 그가 속한 국가나 지역의 문화를 대변하기도 한다.

한국인의 경우 무리를 형성하는 경우가 많은데, 내가 걷는 일정 중에도 한 그룹이 있었다. 그룹을 형성한 몇몇 사람들은 같은 호스텔을 잡고, 함께 음식을 해먹기도 하며 친하게 지내는 것 같았다.

마을 중앙에 세워진 성당이 아름다운 마을 산후안(San Juan)에 도착했을 때, 한 한국인 여성이 내게 말을 붙여왔다. 처음에는 한국인 그룹의 일원으로 생각했는데, 얼마 전부터는 에밀리라는 미국인 여성 순례자와 함께 다니던 여자였다. 몇 번 눈인사만 나눴었는데 정식으로 이야기를 나누는 것은 이번이 처음이었다.

"왠지 그쪽이랑 서는 비슷한 부류인 것 같아요."

처음엔 무슨 뜻인지 몰라 어리둥절했는데, 한참 후에야 그 의미를 알게 되었다. 그녀가 말하는 대부분은 다른 한국인 그룹에 대한 좋지 않은 시선과 이야기에 관한 것들이었다. 그녀의 첫마디는 그들과 자신을 구분 짓고, 내게 동조

를 구하는 제스처였다.

"왜 한국 사람들은 만나자마자 나이를 묻고, 사는 지역과 직업을 묻고, 신상을 캐는지 모르겠어요. 왜 제가 여기까지 와서 누군가의 언니가 되어야 하고, 처음 본 사람에게 누나라고 불려야 하죠?"

일리가 있는 말이었다. 우리나라 사람들끼리는 서로의 정보를 묻는 공식이라도 있는 것처럼, 수순을 밟는 경우가 많기 때문이다. 하지만 어떤 부분에서는 그녀가 예민하게 받아들이는 게 아닐까 하는 생각이 들었다. 공동체를 이루고, 호칭의 높낮이가 있는 한국의 문화 특성상 특별한 의도가 있어서가 아니고 자연스러운 관심 같은 것이기 때문이다. 내가 엉겁결에 고개를 끄덕이자 거기에 힘을 얻었는지, 그녀의 이야기는 걷잡을 수 없이 커져 감정적인 험담으로 이어졌다.

"그 친구가 제게 뭐라고 했는지 아세요? '이 사람이랑만 다니네요?' 나 참. 제가 이 친구랑 다니든 무리를 짓든 자기가 무슨 상관이라고!"

"그 친구는 말하는 투만 보아도 딱 알겠어요. 개념이 없어요!"

"얼마 전에는 밤 10시가 다 되어 알베르게에 누워있는데, 바깥이 시끄러운 거예요. 보니까 그 무리가 바깥에서 시끄럽게 떠들고 있더라고요. 분명 알베르게 클로즈 타임이고 다른 순례자들이 자야 하는 시간인데, 계속 소리가 들려서 미쳐버리는 줄 알았어요! 어딜 가나 한국인들은 왜 그런 거예요? 교양도 상식도 없는 게 너무 부끄러웠다니까요!"

어떤 이야기에는 마땅히 비판 받아야 할 부분이 있었지만, 어떤 부분에서는 지나치게 감정적이었다. 무엇보다 내 의사와 상관없이 쏟아지는 하소연과 험담에 신물이 났다. 나는 마을에 도착하자마자 배낭도 내려놓지 못한 채로, 40분째 그녀의 속사포 랩 같은 이야기를 듣고 있어야 했다. 이야기를 듣다못해, 그렇게 답답하고 억울할 거였으면, 솔직하게 한마디 할 용기는 없었냐고 묻고 싶었다. 상대방의 잘못을 목격했다면, 같은 한국인으로서 부끄럽지 않도록 잘못을 귀띔해 줄 수 있지 않았냐고 묻고 싶었다. 타인의 잘못을 한국인이라는 프레임을 씌워 몰아세우는 그녀가 내게는 또 다른 편견의 잣대를 들이대고 있는 사람으로 비춰질 뿐이었다.

수빈이와 승령이가 도착해서야 나는 험담의 늪에서 벗어날 수 있었다. 고된 하루를 마치고, 침대에 누워 캄캄한 천장을 바라보며 생각했다. 그녀가 했던 많은 말들 중에 한 대목이 떠올랐다.

"제가 이름도 나이도 밝히지 않고, 이런 이야기들을 하니 저를 이상한 눈으로 쳐다보더라고요. 아마 그 사람들 사이에서는 제가 이상한 사람으로 소문났을 걸요?"

사람은 자기가 상처받은 부분에서 예민해질 수밖에 없다. 어쩌면 그녀가 그렇게 예민해진 것은 자신을 배척하는 시선들 때문일지도 모른다.

그녀가 조금 다른 이야기를 한다는 이유로 그녀를 이상하게 바라보는 시선이 편견일까. 그녀가 타인에게 하나의 프레임을 씌우며 잘못되었다고 비난하는 행동이 오만일까.

무엇이 옳고 그르든 간에, 이 상황 속에서 웃음 짓는 사람이 없다는 사실에 씁쓸해졌다. 그 누구도 타인에게 상처 주기 위해서 이 길에 오른 사람은 없을 것이다. 마찬가지로 이 길에서 상처받고 싶은 사람은 아무도 없다. 저마다 어렵게 오른 까미노인 만큼, 더 이상 누군가가 또 다른 누군가를 할퀴는 일이 없었으면 좋겠다.

뭐 어쩌겠어, 스페인인 걸!

쌀쌀한 대지 위로 뽀얀 안개가 내려앉은 이른 아침. 한 치 앞도 내다볼 수 없는 시야에 차가운 공기를 더듬으며 안개 속으로 걸어 들어갔다. 안개 너머로 희끗희끗 비치는 나무와 언덕의 실루엣이 몽환적이었다. 한참을 걷다 안개 속 희미하게 모습을 드러낸 것은 우리가 그토록 바라던 첫 바르였다.

아침식사를 위해 작은 바르에 들어서자마자 마치 호빗의 집에 초대받은 여행자가 된 것만 같은 기분이 들었다. 좁지만 소담한 내부, 나무 선반과 탁자와 창틀. 녹슨 양철 촛대와 작은 장식품들. 키 낮은 천장, 벽을 에워싼 수북한 덩굴식물…. 더욱 흥미로운 것은 주방에서 벌어지는 심상찮은 광경이었다. 배고픈 순례자들이 이룬 줄 앞에서 주인아저씨 홀로 주문받은 음식들을 준비 중이었는데, 키친의 모습, 먹음직스럽게 진열된 파이와 식재료들, 절도 있는 칼질, 빵 위에 올리브유를 뿌리는 손짓, 그 모든 것의 조화는 완벽에 가까웠다.

그러나 문제는 이곳이 '스페인'이라는 것이었다. 순례자들의 줄은 길어졌고 그럼에도 음식이 나오는 속도는 아주 느렸다. 주인아저씨는 기다리는 순례자들이 유명 관광지 입장 줄만큼 길어져도 결코 서두르는 법이 없었다. 그의 주방 도마 위에서는 그만의 시간과 법칙이 존재한다는 듯이 말이다. 바르 안에는 긴장감 넘치는 클래식이 울려 퍼지고 있었는데, 음식에 올리브유를 뿌리는 아저씨의 여유로운 손놀림과 음식은 언제 나오는 걸까 의아해하는 순례자들의 표정이 절묘하게 어우러져 진풍경이었다. 바로 앞에서 주방이 내려다보이는 테이블에 앉아 주문한 음식을 먹고 있던
내게 이 광경은 최고의 퍼포먼스였다.

곧 안주인이 와서 긴 줄은 수습되었지
만 손님이 기다리건 말건 서두르는 법
없이 수다를 떠는 건 아주머니도 마찬가
지였다. 다행히 음식은 맛도 플레이팅도
아주 사랑스러웠다. 느리지만 정성의 속
도를 줄이지 않았던 덕분이다. 어쩌면
우리는 맛있는 음식과 함께 느긋함을 선
물 받은 건지도 모른다. 스페인 문화를
날것 그대로 느낄 수 있는 장소는 유명 관광지가 아닌 우연히 들른 이 작은 바
르의 주방인지도 모르겠다. 그래서 순례자들은 하염없이 기다리는 상황에 복
장이 터지면서도, 웃으며 농담을 던질 수밖에 없었다.

"뭐 어쩌겠어! 스페인인 걸!"

메세타의 시작

수빈이와 내게는 암묵적인 규칙이 생겼다. 따로 약속장소를 정하지 않아도
첫 번째 바르에서, 혹은 점심식사 시간에 합류하는 것이다. 새벽빛부터 블루아
워, 일출을 모두 보고 싶은 나는 새벽 일찍 길을 나서길 좋아했고, 느긋이 하루
를 시작하며 여유롭게 걷고 싶은 수빈이는 8시가 넘어서야 천천히 길을 나섰

다. 그렇게 오전시간 각자의 까미노를 걷다가 점심식사 시간이 되면 적절한 바르를 하나 골라 식사를 하며 그녀를 기다렸다가 나머지 반나절을 함께 걷는 것이다.

오랜만에 수빈과 둘만의 시간을 보내고 싶은 나는 아헤스(Ages)의 바르에서 그녀를 기다렸다. 수빈과 다시 마주쳤을 때 나는 늘 처음 만난 사이마냥 능청스럽게 인사를 건넨다.

"올라, 께딸(안녕, 오늘 어때)?"

그러면 그녀는 더 능청스럽게 대답했다.

"무이 비엔, 부엔 까미노(아주 좋아, 부엔 까미노)!"

그것이 17년 지기 친구 사이의 까미노 인사법이었다.

그녀와 단둘이 걷는 시간이 얼마만인지 모르겠다. 까미노를 시작한 지 2주가 다 되어가지만, 아직도 그녀와 먼 이국의 땅에서 이 긴 길을 함께하고 있다는 사실이 생경하다. 초등학교 6학년 때부터 함께 학원을 다니고, 다른 친구들이 야간자습 할 때 미술학원에 가 입시준비를 같이 하고, 학원이 끝나면 못다 한 공부를 하러 함께 독서실에서 가서는 꾸벅꾸벅 졸던, 그리고 함께 수능까지 치르며 소녀시절부터 지금까지 단짝으로 지내온 친구와 함께 산티아고순례길을 걷는다니!

우린 며칠간 떨어져 걷느라 못다 한 이야기를 털어놓았다. 같은 장소에서 다른 시간, 다른 사건을 겪었을 그녀의 까미노와 나의 까미노. 전혀 다른 이야기들을 들을 때는 흥미로웠고, 같은 길을 걸었기에 이야기가 하나로 이어질 때는 고개를 끄덕이며 공감했다. 둘의 이야기를 합하니 더 큰 세계가 그려지는 것도

같았다.

  이야기 나누랴 오르막을 오르랴 숨을 헐떡이며 걷다 보니 어디선가 딸랑거리는 종소리가 들려왔다. 메에거리는 울음소리와 함께 염소 떼와 양치기가 우리 앞을 지나갔다. 오늘 우리와 함께 걷는 건 순례자가 아닌, 수십 마리의 염소떼였다. 염소 울음소리를 벗 삼아 땀을 한 바가지 쏟아내며 고지에 올라섰다. 살결을 스치는 청량한 바람과 함께 기막힌 풍경이 우릴 반겼다. 구름 사이로 내리쬐는 빛줄기, 그 빛줄기가 부서져 내리는 우리가 걸어온 언덕, 언덕 위에 올라 무거운 등짐을 내려놓고 숨을 고르는 순례자들, 그리고 가장 높은 언덕에서 우리가 가야 할 방향을 바라본 순간, 낮은 선을 그리는 드넓은 평원이 끝없이 펼쳐져 있었다.

"메세타 평원이다!"

메세타는 메마르고 건조하다는 뜻을 가진 낮고 광활한 평야 구간이다. 프랑스길을 말할 때 많은 사람들이 가장 먼저 떠올리기도 하며, 인상적인 구간으로 손에 꼽히는 곳. 바로 메세타가 시작되는 곳이었다. 어떤 이는 메세타를 태양을 피할 숲도 나무도 없는 땡볕과 며칠간 비슷한 풍경이 계속되는 지루함 덕에 가장 힘들었던 구간이라고 꼽는가 하면 어떤 이는 그럼에도 불구하고 가장 기억에 남는 구간이라고 말한다. 어찌되었든 좋다. 아직은 시작에 불과한 우리에겐 낮은 지평선이 겹겹이 쌓인 파스텔톤 메세타가 그저 반갑고 궁금한 존재였다.

"기다려라, 메세타야. 우리가 간다!"

기분 좋은 탐색전

파스텔 연둣빛 평원은 우리의 걸음을 자꾸만 붙잡았다. 앞서가던 승령이가 언덕 아래 바르에서 기다리겠다고 했지만, 우리는 까미노에서 벗어나는 여유까지 부렸다. 걷기 위해 온 길이지만 걸음을 잠시 멈춰 섰을 때, 그 멈춤으로 인해 얻어지는 여유는 얼마나 달콤한지! 우리는 목적지로 향하는 와중에도 잠시 멈춰 설 수 있는 마음의 여유를 찾고 충분히 누리는 법을 연습하기 위해 머나먼 나라로부터 이 길을 찾아왔는지도 모른다.

멋진 풍경 앞에서 한참을 놀다가 내리막을 내려와 처음 발견한 바르에서 승령이가 우릴 기다리고 있었다. 언덕 위에서 피리를 불던 소녀와 기타를 메고 다니던 청년도 함께였다. 그들은 독일에서 온 앤과 살리였다. 다른 나라에서 온, 서로에 대한 단서가 아무것도 없는 이 길 위의 순례자들이 늘 그렇듯 첫 만남의 탐색전을 벌였다. 어디서 왔는지, 이름은 무엇인지, 오늘은 어디까지 가는지, 이 길에 온 이유는 무엇인지….

수많은 질문 중 나이가 어떻게 되는지, 어떤 직장에 다니는지, 결혼을 했는지, 만나는 사람이 있는지 같은 질문이 없다는 것은 반가운 일이었다. 까미노

에서의 질문은 사회적인 것들보다는 개인의 생각이나 감정, 철학적인 것들이 주를 이루었기에 그것은 흥미롭고 기분 좋은 탐색전이었다. 그리고 우리가 서로에게 더욱 살갑게 다가

갈 수 있었던 것은 각자가 피리, 기타, 붓을 들고 온 이유 때문이었다.

우린 모두 대단한 예술가는 아니지만 음악과 예술을 사랑했다. 단 1g의 짐도 줄여야 하는 상황에서 붓과 드로잉북, 피리, 기타를 들고 오기로 결심한 것은 거창한 목적이 있었던 것이 아니라 그저 좋아해서였다. 게다가 앤과 살리의 음악은 자신의 즐거움을 주변 사람들에게까지 나눠줄 수 있는 것이기도 했다. 그녀의 짧은 피리연주 한 곡 덕분에 언덕 위에서의 휴식이 더욱 달콤하게, 몽글몽글하게 느껴진 것처럼. 답례를 하고 싶었던 나는 사람들로부터 짧은 글이나 출신 언어를 수집하고 있다는 앤의 일기장에 즉석에서 그들의 캐리커처를 그려주었고, 덕분에 더 즐거운 휴식시간을 보낼 수 있었다. 30분간의 달콤한 탐색전, 그리고 휴식. 그 짧은 시간에 살가운 사이가 된 앤과 살리와 다시 보자고 하며 각자 길을 나섰다. 그들이 무심코 흘려보내는 음악에 풍요로운 까미노의 추억을 간직하게 될 순례자들을 상상하며.

까미노의 교훈

차이니즈 레스토랑에는
우리가 그토록 먹고 싶었던 것들이 모여 있었다.

빛보다 빠르게!!
누구보다 야무지게!
파박!
초속 30회의 주먹씹기!
우걱
보이지 않는 손

아이 러브
수시♡
어느새 탐육한 아렌
어눌
부들부들
그건 진짜 스시가 아니야!!
초밥만 3접시째

우리는 오랜만의 향수병을 채워줄 음식에
배가 터지도록 먹었고,

온몸이 아닌 것이 이건 기분인걸까
오늘 나는 나의 무한한 잠재력을 보았따능.
썩 어 억~
깨여억
호흡곤란

더 이상 음식이 들어갈 수 없을때즘,
그제서야 입을 열기 시작했다.

배가불러오니 성오한 이야기를 시작!
그래서 친구들,
까미노에서 얻은 교훈이 있어?

그리고
급작스런 아렌의 질문에,
우린 모두 생각에 잠겼다.

...
...
...

너무 좋은 친구들을 만났고,
너무 많은 도움을 받았어요.
이 길 위에서는 감사한 일들 뿐이
에요! 저도 언제나 베풀 수 있는
사람이 되고 싶어요♡

고마워요 모두들

회사를 그만두고 이곳에 오기 전까지 바쁘게 일만했어. 그런데 여기서는 걷고, 이야기하고, 먹고, 빨래하고, 잠들어. 그리고 다시 걷지. 특별할 것 없는 일상이지만, 내겐 그런 일상이 너무나 소중하다는 걸 깨달았어.

지금 난 너무 행복해♡

솔직히 이 길을 걸으면서 아름다운 순간만 있는 건 아닌 것 같아. 어느날은 너무 힘들고, 이유 없이 울고픈 순간도 있었어. 난 항상 유쾌하고 웃는 사람이고 싶었는데, 우울하고 찌질한 모습 또한 나의 모습이라는 걸 인정하게 되었달까?

삶은 늘 행복해야 하는 게 아니라

모든 순간을 있는 그대로 인정할 줄 아는 게 중요한 것 같아

우리는 조금 횡설수설 했지만, 각자만의 교훈 보따리를 뒤적이며 한자리에 풀어놓고 하나씩 맛보았다.

그것을 시작으로, 평소라면 낯간지러웠을 대화들, 생각을 게을리 했던 주제들이 오고갔다.

행복   삶   꿈   자존감   사랑

식사후 예상 밖의 비가 내렸지만

비가 오네?

어랏

한잔 더할까?

좋지-!!!

분위기 좋은데서

비가 거세게 내려도,
우리만의 파티는 무르익어 갔다.

바로 지금 이순간,
우리가 행복하다는 사실에 대해서는
한치의 의심도 없었다.

행복의 정의가 뭔지,
어떤 것이 진정한 행복인지
아직 정답을 알 수는 없었지만

손에 잡히는 확실한 행복은
가까이에 있었던 것이다.

근육통과 세 개의 물집으로 신고식을 치르다

유독 게으름을 부리고 싶은 날이 있다면, 그게 바로 오늘이었다. 아침에 몇 번이나 눈을 떴지만 다시 잠들기를 반복, 길을 나선 건 11시가 지나서였다. 이 왕 이렇게 된 거 제대로 느긋해 보자며 맛있는 냄새가 풍기는 바르로 들어섰 다. 혼자가 아니고 수빈이와 승령이와 함께이니 늦장을 부려도 든든했다. 우연 히 찾아 들어간 바르는 아이러니하게도 순례자들의 집합소였다. 이 큰 도시에 서 하필 고른 바르가 순례자 소굴이라니, 어이없어 웃었다. 아이리시 패밀리의 첫째 아들 제임스, 기타보이 아렌, 시카고 상남자 보이텍…. 그 외에도 익숙한 얼굴들이 많았다.

부르고스는 고딕양식의 웅장함을 자랑하는 대성당과 여러 문화재들을 간 직한 도시이기도 했지만, 잠정적인 이별이 존재하는 도시이기도 했다. 많은 순

레자들이 부르고스에서 까미노를 끝내고 집으로 돌아가거나, 휴식을 위해서 또는 도시를 돌아보기 위해 머물기 때문이다. 아쉽게도 이곳에서 하루를 더 머무른다던 아렌, 보이텍과도 작별인사를 해야 했다. 우리가 할 수 있는 것은 마지막이 될지도 모르는 포옹을 나누며 이것이 끝이 아니길, 언젠가 어디선가 다시 인연이 이어지길 간절히 바랄 뿐이었다.

부르고스를 지나서는 새로운 형국으로 바뀌었다. 대평원이 펼쳐지는 메세타가 시작되어서이기도 했지만, 왠지 쓸쓸한 분위기가 느껴졌다. 잔뜩 찌푸린 하늘도 한몫 했다. 결국 회색 빛깔을 머금은 하늘은 비를 찔끔 찔끔 쏟아냈다.

조금 처진 기분으로 한 바르에 들어서 늦은 점심을 먹고 있었다. 그때였다. 멀리서 두 남자가 껄렁거리며 걸어왔다. 그들은 다름 아닌 재준오빠와 혁진이였다. 사실 그들이 여기까지 올 거라고 생각하지 못했다. 재준오빠는 걷는 걸 힘에 부쳐했고, 혁진이는 의욕적으로 걷는 편은 아니었다. 그런데 걸어오는 게 파이팅 넘치는 모양새다. 꾸준히 걷다 보니 체력도 붙었는지 여유로워 보이기까지 했다. 어쨌거나 다시 만나 반가웠다. 정든 인연이 떠나간 자리가 새로

운 인연으로 채워졌다. 몇 번을 겪어도 익숙해지지 않는 이별에도 우리가 계속 앞으로 걸어갈 수 있는 것은, 새로운 만남이 기다리고 있기 때문인 것 같다.

늦은 점심을 먹고, 몇 개의 작은 마을을 지나니 제대로 메세타다운 풍경이 펼쳐졌다. 노란빛, 백색의 금빛, 올리브 그린빛…. 마치 내가 좋아하는 색의 물감들로만 채워 넣은 팔레트처럼, 사각으로 구분지어진 들판이 나타났다. 들판 곳곳에는 형형색색의 작은 꽃이 숨어 있고, 브로콜리 같은 둥그스름한 나무가 듬성듬성 자리했다. 그늘은 없었다. 뜨거운 태양으로부터 도망칠 방법은 없었다. 그렇기에 하늘이 더욱 광활하게 느껴졌다. 하늘을 올려다 볼 때마다 시야를 차지하던 네모난 건물들, 화려한 간판은 없고 파란 하늘과 지평선을 가르는 들판이 눈을 가득 메울 뿐이었다. 아무런 걸림돌도, 어떤 가림막도 없이 우두커니 서 있는 듯하다는 표현이 적합할까. 온몸으로 세상을 마주하는 느낌이라고 해야 할까. 세상을 받아들이는 수밖에 없었다. 순순히, 그리고 순수히.

이 뜨거운 시간에 메세타를 걷는 순례자는 많지 않았다. 아주 큰 배낭을 메고 느리게 걷는 할머니와 우리 넷뿐이었다. 우리는 앞서거니 뒤서거니, 따로 또 같이 오래도록 그렇게 걸었다. 마을이 보여 이제 다 왔구나 싶었는데 목적지가 아니었다. 물은 고갈되어갔고, 식량은 떨어졌다. 너무 배가 고픈 나머지 배낭 속을 뒤지고 뒤지다가 물러버린 복숭아 한 개를 발견했다. 그것도 식량이라고 하나를 쪼개고 쪼개 나누어먹었다.

"와, 이제 우린 콩 한 쪽도 나누어먹는 사이네?"

"인간적으로 먹을 것 좀 들고 다니자. 우리."

지칠 대로 지쳤지만, 서로 농담을 건네다 보면 다시 걸을 힘이 나기도 했다.

그렇게 아웅다웅하며 걷는 동안 시간은 7시를 넘어 8시를 향해가고 있었다. 이렇게 오래, 늦게까지 걸은 적은 처음이었다. 10시가 되어야 해가 지는 나라이기에 아직 밝았지만, 햇빛의 온기가 사그라들어 축축한 몸은 금세 으슬으슬한 한기를 느꼈다. 그러나 신은 인간에게 견뎌낼 만큼의 고통을 주신다고 했던가. 끝나질 않는 까미노에 몸도 마음도 절뚝거릴 즈음, 오늘의 목적지 온타

나스(Hontanas)가 나타났다. 오! 신이시여! 무종교자 주제에 신에게 감사인사를 올리며 마지막 주자인 내가 알베르게에 들어서자, 먼저 도착한 친구들이 시리도록 차가운 맥주를 건넸다.

장장 9시간을 걸었으니, 참으로 긴 하루였다. 메세타의 신고식은 화려하고 강렬했다. 이번에도 우리는 해냈다. 빨리는 못가도, 뛰다가 때로는 걷기도 하고 포기하지 않으면 파이널라인에 도달하는 마라톤처럼. 포기하지 않고 걸어 결국 해낸 것이다! 비록 왼쪽 종아리의 짜릿한 근육통과 새끼발가락에 찰진 물집 3개를 얻긴 했지만.

순례자메뉴와 보랏빛 밤

온타나스의 알베르게는 소문대로 최고였다. 6인실 베드를 배정 받아서 우리끼리만 사용할 수 있었다. 시트도 새하얗고, 샤워실도 호텔시설 못지않았다.

더 훌륭한 것은 알베르게의 메뉴 델 디아, 순례자메뉴였다! 대략 10유로 안팎의 가격으로 전채요리, 본요리, 후식 총 3가지 코스로 구성된 순례자메뉴는 지치고 배고픈 순례자들이 배불리 먹을 수 있는 최상의 메뉴다. 와인 한 병을 곁들여주는 경우도 있는데, 이럴 땐 순례자라는 신분이 그리 과분하게 느껴질 수가 없다. 각 코스마다 메뉴를 선택할 수 있어서 우리는 다섯 명이 골고루 주문해서 나누어 먹었다. 한솥밥을 먹는 한국인의 정과 문화가 이곳에서도 느껴졌다.

주문한 샐러드와 토마토 마카로니 파스타, 콩껍질조림 등 모든 메뉴가 수준급이었다. 그리고 그 중에 최고는 메인 요리! 두툼하게 삶아져 나온 닭다리는 삼계탕의 향수를 채워주었고, 노란 옷을 입은 생선요리는 동태전을 먹는 듯했다. 여럿이 나누어 먹으니 복숭아 하나를 넷이서 나누어 먹을 때처럼 즐거웠고, 포만감은 그보다 더 풍요로웠다. 미슐랭 가이드 맛집이라도 온 듯, 먹는 내내 극찬 일색인 우리들. 소박하고 순수한 행복이었다. 따뜻하고 풍성한 음식을 먹으니 대장정으로 인한 피로도 싹 가시는 것 같았다.

배를 불리고 정신을 차려보니 저녁 10시가 되었다. 창 너머로 어슴푸레 어둠이 내려앉고 있었다.

"저기 봐봐!"

"우어어! 진짜 이쁘다!"

"뭐해! 옷 챙겨! 빨리 일몰 보러 가자!"

알베르게를 박차고 나오니 하늘은 핑크빛 그라데이션을 펼치고 있었다. 골목골목에는 노란 가로등 불빛이 밝혀지기 시작했다. 마을 중앙에는 우뚝 솟은 종탑이 자신의 존재를 조용히 알리고 있고, 그 위로는 날카로운 초승달이 걸려 있었다. 이럴 게 아니었다. 더 멋진 곳에서 이 일몰을 맞이해야 했다. 우리는 최

고의 일몰을 사냥하기 위해서 알베르게 뒤편의 언덕으로 뛰어 올라갔다. 어스름해지는 공기 속을 더듬으며 길이 있는지도 모르는 풀숲을 헤치고, 가시밭을 넘어, 가장 높은 곳으로 향했다. 해가 져버릴까 조바심 반, 두근거림 반으로 올라선 언덕에는 이미 두 청년이 자리를 잡고 있었다. 수빈이와 안면이 있는 두 청년, 진재와 교환이었다.

온타나스의 일몰은 말로 표현할 수 없을 정도였다. 언덕에서 오밀조밀한 마을이 내려다보이고, 하늘은 은은한 보랏빛이었다. 어둠 속에서 작은 빛이 더 빛나는 것처럼, 밤이 깊어질수록 마을의 곳곳의 노란 불빛이 더 영롱하게 빛났다. 온타나스는 조용하지만 깊은 아름다움을 가진 곳이었다.

우리는 많은 이야기를 나누지는 않았다. 서로 기념사진을 찍어주고는, 말없이 저녁놀을 바라볼 뿐이었다. 각자 무슨 생각을 하고 있었는지 모르겠지만 온타나스의 보랏빛 밤을 향한 한 가지 마음만은 같았을 것 같다.

'이 밤이 참 달다.'

인생은 작고 큰 언덕의 연속

메세타는 평평한 길이라고만 생각했는데, 느닷없는 오르막이 시작되었다. 앞에 빨간 우산을 쓴 누군가가 유유히 언덕을 오르고 있었다. 독일 소녀 엘리였다. 엘리는 다소 내성적이어서, 서양 친구들은 늘 활발하고 거침없다는 나의 편견을 깨주는 친구였다. 그래도 수줍어하긴 했지만 마주칠 때마다 미소를 띠며 인사를 해서 친근한 느낌을 가지고 있었다. 그러나 정작 그녀에 대해 아는 게 없었는데, 함께 오르막을 오르며 나눈 대화로 그녀를 조금 알게 되었다.

"몇 살인지 물어봐도 될까, 엘리?"

"22살이야."

"학생이야?"

"응, 독일어 공부하고 있어."

"오! 정말? 그런데 왜 까미노에 온 거야?"

"사실 고민이야. 이 공부를 계속해야 할지, 다른 걸 선택해야 할지."

엘리는 하고 있는 공부가 생각 같지 않아 이 길을 걸으며 앞으로 어떻게 해야 할지 더 고민해보겠다고 했다. 저 나이에 까미노를 걸으며 저런 고민을 하다니. 까미노를 하다보면 고등학교를 마치고 진로에 대한 고민을 위해 까미노에 오른 청소년도 심심찮게 마주친다. 내가 저 나이 때에는 뭐했나 싶다. 대학생이라는 방패막이를 달고 흥청망청 놀기 바빴던 것 같다. 내가 저들처럼 일찍 고민을 시작했으면 어땠을까. 좀 더 빨리 만족스러운 삶을 살고 있을까? 삶에

대한 고민을 일찍 시작한 엘리가 부러웠다.

오르막이 가팔라지자 엘리는 먼저 가라며 나를 보냈다. 고지에 올라서니 예기치 못한 풍경이 펼쳐졌다. 본격적인 여름이 시작된 듯 이글거리는 대평야가 펼쳐졌다. 같은 메세타이지만, 새로운 2막이 펼쳐진 것 같았다. 그만큼 뜨거웠고, 그만큼 강렬했다.

앞서 가던 친구들은 그늘에서 땀을 식히고 있었다. 중대한 사업의 결과 발표를 기다리는 동안 시간을 내서 왔다는 중년의 재준오빠도, 은퇴 후 자신의 삶에 대한 고민을 안은 60대의 순례자도, 현재까지 인생을 재점검하고 곧 맞이하게 될 30대에는 어떻게 살아갈지 생각 중인 수빈이와 나도, 모두 다 함께 언덕에 올라서서 새롭게 펼쳐진 풍경을 바라봤다. 천천히 걷던 엘리도 곧 올라왔다.

여러 언덕들로 이루어져 있어서 다양한 풍경을 품고 있는 까미노처럼, 인생이란 것도 하나의 큰 산이라서 정상이라는 꼭짓점을 찍는 것이 아니라, 작고 큰 언덕의 연속이라서 고개를 넘을 때마다 새로운 국면이 펼쳐지는 것 같다. 그렇기에 그 너머에 어떤 것이 기다리고 있을지 예상할 수 없다. 눈앞의 풍경에 쉽게 실망해서도 안 된다. 언덕을 넘는 과정도, 내려오는 과정도 그저 지나쳐 보내야 하는 과정들이 아니라, 인생을 이루는 중요한 순간들이기 때문이다.

우리는 지금도 인생의 한 언덕을 넘고 있다. 각자 몇 번째 언덕인지는 모르겠지만. 스물두 살의 엘리가 까미노에 오르게 된 이유와 스물아홉 살의 내가 까미노에 오게 된 이유가 다르듯이, 까미노가 끝나고 얻게 될 것들도 다를 것이다. 이 언덕이 얼마나 높을지는 몰라도 이 고개를 넘고 나서는 좀 더 풍성한 풍경이 펼쳐졌으면 좋겠다. 모두가 고지에 올라서서 땀도 식히고 바람도 느끼며 달콤한 휴식을 맛보았으면 좋겠다.

배낭의 무게를 느끼며 걷는 길

어제는 내가 알베르게에 도착한 마지막 주자였는데, 오늘은 반대로 컨디션이 최고였다. 친구들을 뒤로하고 걷는데, 거의 경보에 가까웠다. 스스로도 속도감이 느껴질 정도였다. 한동안 그 속도감에 취해 걷고 있는데 뒤에서 누군가 다가오는 소리가 들렸다.

"와, 누나. 진짜 걸음 빠르네요!"

"나 오늘 컨디션 완전 최고거든!"

전투적으로 걸으며 다가온 것은 혁진이었다. 꽤 많은 시간을 함께 보냈지만, 단둘이 이야기하는 것은 이번이 처음이었다. 혁진이는 수줍은 듯 웃는 미소가 예쁜 25세 청년이었다. 수빈이와 재회하던 날 다함께 저녁을 먹으며 통성명을 했지만, 사실 그에 대한 기억은 피레네 산을 넘던 날로 거슬러 올라간다. 그날 검은색 옷에 검은 모자, 검정 마스크를 끼고 온통 검은색으로 무장을 하고 있던 사람이 있었다. 한눈에 한국인이라는 것을 알 수 있었다. 슬쩍 눈이 마주쳤지만, 인사를 하지는 않았다. 그가 혁진이었다는 것을 나는 기억한다.

두 번째 보았을 때 그는 한국인들 무리 속에 있었고, 그때도 인사를 나누진 않았다. 그저 스쳐 지나가는 인연일 거라 생각하고 길에서 마주쳐도 알은체를 하지 않았다. 그런데 수빈이와 재회하던 날, 그녀와 함께 온 사람이 바로 혁진이었다. 의외였다. 내가 의외라고 생각한 것은 그가 어울렸던 무리 때문이었다. 그들은 배낭을 맡기고 걷거나, 자주 택시를 타기도 하고, 알베르게보다는 호스텔을 이용했다. 그와 나는 다른 부류의 사람이라고 생각했던 것 같다.

예기치 못했던 인물과 동행하게 된 것이 궁금해서 수빈이에게 물어본 적이

있다. 그때 그녀가 해준 이야기가 있었다. 홀로 로그로뇨를 지나던 수빈이는 한국인 무리와 마주쳤다. 그때 혁진이를 알게 되었고, 그가 체대 출신이라는 것도 알게 됐다. 그는 혼자서 배낭을 메고 걸을 만큼 충분히 건강해보였다. 그런데 왜 그 무리에 속해있는지 궁금했다.

"너, 충분히 더 걸을 수 있지 않아? 근데 왜 안 걸어?"

순간 혁진이의 동공이 미세하지만 뚜렷하게 흔들렸다고 한다. 여기까지가 수빈이로부터 들은 이야기였다.

이 한마디가 그에게 어떤 영향을 미쳤는지 모르겠다. 그러나 내가 아는 한 가지는, 그전의 혁진이와 지금 나와 나란히 걷는 혁진이는 조금 다른 사람처럼 느껴진다는 것이었다.

꼭 힘들게 순례길을 걸어야 한다는 법은 없다. 여행의 방법에 옳고 그름도 없다. 하지만 이 길을 오른 이유가 단순히 관광이나 버킷리스트를 채우기 위함이 아니라, 자신의 삶에 대한 무게를 가늠해보기 위해 쉽지 않은 결정으로 오른 길이라면 내가 짊어진 배낭의 무게를 느껴봐야 하지 않을까. 한 걸음 한 걸음 두 발로 걸으며 내 짐의 무게를 온몸으로 느껴보려 해야 하지 않을까.

우리는 뜨거운 평원을 가로질러 보아디야 델 까미노(Boadilla Del Camino)에 도착했다.

"와! 누나랑 이야기하면서 걷다 보니까 진짜 금방 도착한 것 같아요!"

그의 말대로, 두 시간 거리를 한 시간 만에 걸은 것 같았다. 처음에는 아는 척하지 않았던 그가 이젠 좋아질 것 같다.

까마득한 어둠의 한복판에서

"킴, 네 친구들은 어딨어?"

아침이 채 찾아오기 전 까마득한 새벽, 등산화 끈을 매고 있을 때였다. 이탈리아 청년 파블로가 나를 걱정스럽게 쳐다봤다. 며칠 전부터 내게 느끼한 윙크를 보내던 녀석이었다.

"친구들은 아직 자는데? 우린 늘 각자 걷거든!"

"흠… 괜찮겠어?"

어둠 속에 혼자 걸을 나를 걱정하는 눈치였다. 자신의 일행과 함께 가지 않겠냐고 물었지만 고민 끝에 거절했다. 영어도 안 통하는 지나치게 호의적인 이탈리아 남자들에게 둘러싸이는 것이 부담스럽기도 했고, 홀로 걷는 시간을 즐기고 싶기도 해서였다.

걱정 말라고 큰소리치긴 했는데, 마을을 빠져 나오는 것부터 문제였다. 길을 나선 시각은 4시 50분. 다섯 시가 되기도 전의 세상은 생각 이상으로 컴컴했다. 어둠 속에서 노란 화살표를 찾는 건 눈이 침침한 할머니가 바늘구멍을 찾는 것만큼이나 어려운 일이었다. 몇 차례를 옆으로 갔다가, 다시 돌아왔다가, 뒤로 갔다 앞으로 갔다를 반복한 후에야 겨우 마을을 빠져나올 수 있었다.

그런데 그 후부터가 더 큰 문제였다. 마을에서는 희미하게나마 가로등 불빛이 존재했지만, 눈곱만큼의 빛도 찾아볼 수 없는 까미노 한복판은 까마득한 어둠이 지배하고 있었다. 광대한 새벽하늘이 더욱 크게 느껴지고, 어마어마하게 큰 나무들이 어둠 속에서 흔들렸다. 이파리들이 부대끼는 소리와 바람소리는 내가 혼자 있다는 사실을 위협하는 것만 같았다. 무서웠다. 두려움이라는 감정은 한번 시작되자 거인풍선처럼 거대하게 부풀려졌다.

두려움을 떨쳐내기 위해 음악을 크게 틀었다. 음악이 펼쳐지자 두려웠던 풍경은 영화 「아바타」 속의 환상적인 한 장면이 되었다. 빼곡히 박힌 별은 더 총총하게 빛났고, 흔들리는 잎사귀들은 춤을 추는 듯했다. 눈이 어둠에 익숙해

지니 어둠이란 존재도 친구처럼 익숙해졌다. 다행히도 끝나지 않을 것 같은 어둠의 끝에서 빛이 보이기 시작했다.

세상이 밝아오고, 저 멀리 파블로와 그의 일행이 보였다. 나는 비로소 안도의 한숨을 내쉬었다.

우리의 목적은 완주가 아니야

한평생을 살면서 30일 동안 줄곧 걸어 800km를 완주하는 사람이 얼마나 될까. 걷는 것을 좋아하는 이에게는 유일무이한 경험이 아닐 수도 있지만, 대부분의 사람들에게는 흔한 경험이 아닐 것이다. 그것은 까미노가 쉽지 않은 까닭이기도 하다. 800km라는 거리가 주는 어려움도 있지만 그보다 더 힘든 것은 '30일 동안 꾸준히 걷는 일'이다. 하루에 약 30km를 걸으며 '30일 동안 꾸준히 좋은 컨디션을 유지하기'란 쉽지 않기 때문이다. 그렇기 때문에, 중도에 포기하는 사람들이 생겨나기도 하고 그 중에는 건장한 청년도 더러 있다. 장정도 쉽사리 얕볼 수 없는 것이 까미노인 것이다.

누구나 이 길을 걸으며 한번쯤 위기를 맞는다. 이 길은 크고 작은 위기들이 넘쳐나는 곳이기 때문이다. 이번 차례는 승령이었다. 며칠 전부터 절뚝거리던 그녀였다. 수빈이와 나의 추측으로는 그녀가 아무리 짐을 간소하게 꾸렸더라도, 러닝화를 신고 온 것이 문제였다. 낮은 러닝화는 발목을 잡아주지 못하는 데다가, 밑창이 말랑말랑한 덕에 오래 걸으니 한쪽만 닳아서 균형이 맞지 않고 한쪽으로 쏠렸다. 그래도 어떤 때는 아파하다가, 며칠은 또 잘 걷는 것 같았다. 그렇게 무던히 넘어가는 듯싶었다.

도로 옆으로 난 직선 길을 몇 시간째 걸어, 비얄카사르(Villalcázar de Sirga)라는 마을을 지나고 있을 때였다. 검은 봉고차 한 대가 내 옆을 쌩 달리더니 저만치 앞에서 급정거를 하는 것이었다. 뭐지? 히치하이킹을 원치도 않았는데 태워줄 심산인가? 의구심을 품고 다가가니 뜻밖에 승령이가 고개를 내밀었다.

"언니이!"

"엥? 승령아?!"

"저 다리가 너무 아파서…. 먼저 레온에 가 있을게요."

사연을 들어보니 그녀의 다리는 더 이상 걸을 수 없는 지경에 이르렀던 것이다. 승령이가 평소에 얼마나 걷고 싶어 했는지 알기에, 절뚝이면서도 얼마나 열심히 걸었는지 알기에 마음이 아팠다. 세상은 왜 이렇게 불공평한 걸까. 사람마다 그가 품은 의욕과 진정성에 걸맞은 능력과 체력이 주어진다면 얼마나 좋을까. 그녀가 얼마나 실망하고 절망했을까 생각하니 안쓰럽고 안타까운 마음이 들었다. 하지만 그녀는 실망에 가득 차 있기보다는 올곧아 보였다.

"큰일 날 수도 있겠다는 생각이 들더라고요. 그냥 무작정 걷는다고 다가 아니라, 이렇게 막 걸으면 나중에 진짜 다리를 못 쓸 수도 있겠다 싶었어요. 그래서 좀 아쉽지만 괜찮아요. 먼저 가서 요양하고 있을게요. 그래야 빨리 나아서 또 걷죠!"

그녀는 모든 구간을 걷는 것을 포기하는 대신, 더 큰 그림을 완성시키기로 한 것이다. 즉 양 손에 든 사과 중에서 '완주'라는 사과를 내려놓고, '완성'이라는 사과를 선택했다.

나 역시 그렇지만 많은 사람들이 까미노를 하면서 완주에 목표를 두고 있다. 하지만 조금만 생각해보면 우리의 최종 목적은 완주가 아니라는 걸 알 수 있다. 우리의 목표는 '까미노 완주장'이 아니라 목표에 도달하기 위해 거치는 과정, 즉 예상치 못한 위기와 위기에 대처하는 자세, 최선을 위한 고민, 이별과 아픔, 작은 깨달음과 행복에 이르는 길…. 이런 모든 일련의 과정들인 것이다.

까미노가 인생의 작은 실전이라고 한다면 승령이는 자신의 한계를 테스트해 보았고, 자신이 처한 상황에서 무엇을 단념하고 어떤 선택을 해야 하는가에 대한 중요한 실습을 한 셈이다. 그녀는 최선을 다했지만 자신의 한계에 도달했고, 더 큰 목표를 위해 한 발 양보하는 방법을 터득했다. 씩씩하게 걷는 순례자들을 뒤로하고 착잡한 마음으로 레온으로 향하고 있을 그녀에게 이렇게 말해주고 싶었다.

'장하고 자랑스럽다. 이런 것들이 까미노를 하는 너를, 인생이라는 길을 걷고 있는 우리를 더욱 단단하게 만들어 줄 거야.'

수녀들의
환영인사

터벅터벅 홀로 한 알베르게에
도착 했을 때였다.

푹익은 수육꼴

푸슈슉

드.. 드디어 도착!

...

오늘도 고생 많았다
내 다리야...

그곳은 교회가 운영하는 알베르게였는데,
이게 웬걸, 자주 마주치던 중국인 순례자가
리셉션에서 날 맞아주는 것!

Hey~

어서와!

STAFF

RECEPTION

니가 왜
거기서
나와?

본래, 독실한 신자
순례자온 에서 알베르게온 으로 변신!

난 며칠전부터
여기서 자원봉사
하기로 했어

STAFF

이것 또한
나의 까미노!

알베르게의 스태프들은 거의
대부분이 자원봉사자 들이라고 하더니,
그 말이 사실이었던 것이다!

그리고 그는 내게 일러주었다.

이따가 6시에
이자리에서 특별한
이벤트가 있을거야.

호오?
고오급
정보!

솔깃

아니나 다를까, 그가 알려준 시간에
나와보니 이미 많은 사람들이 앉아있었다.

ㅂㅂ곰

호에에~

그리고는 갑자기
악기를 든 수녀님들이 나타났다.

샤샤샥

보통 범상치 않음

이곳 산타마리아 알베르게에
오신것을 환영합니다!
우리는 산타마리아 성당의
수녀들이에요.

여러분도 간단히 소개
부탁해요~

암 프롬
노쓰 코리아!

노노노!
싸우쓰
코리아!

아무말

대잔치

비비그덕

고장난로봇

내 차례가 되었을 때, 나는 조금 긴장했는지
황당한 말실수까지 해버렸다.

자기소개가 끝나자 수녀님들은 악기를 연주하고
노래를 부르기 시작하는데, 마치 영화
Sound of music 의 한 장면속으로 들어온 기분이었다!

NO
포토!

우린
공연단이
아니에요!

그런데,
그 순간을 기억하고 싶어서 무심코 카메라를 들었는데
수녀님은 촬영하지 말아달라는 이야길 했다.

'무언가 결례를 범한 것은 아닐까?'
라는 생각과 함께, 나는 대신 드로잉북을 꺼냈다.

사진을 찍을 수
없다면
크로키를 하자!

※ 크로키 : 비교적 빠른 시간내에 선으로 그리는 스케치

아홉솔
까미노   145

수녀님의 맑은 눈빛, 청아한 목소리, 기타소리...

지친 순례자를 환영하고 어루만지는 노랫소리로 가득한 이 공간을, 작은 드로잉 북에 담고 싶었다.

우리는 나눠준 악보를 보고 수녀님들의 지도에 따라 다함께 노래를 부르기도 하고

순례자들은 출신국가의 노래를 직접 부르며 소개하기도 했다.

한가지 아쉬웠던 점은 한국인들은 모두 '아리랑'을 부르는지 수녀님들도 너무 익숙한 것 같다는 것.

아리랑도 좋지만, 한국의 문화를 알리면서도 내가 당당하게 부를수 있는 노래 한곡정도는 더 준비해서 다녀야겠다는 생각이 들었다.

모든 노래가 끝난 후,
수녀님들은 내 그림을 보고 기뻐했고
결례를 한 것 같아 찜찜했던 내 마음도 편해졌다.

그 후, 우리는 다함께
만든 음식을 쉐어 하며 그 어느때보다 근사한
저녁식사 시간을 보냈다.

산타 마리아 알베르게,
그 곳에서 일어난 것들은
단순한 이벤트가 아니라

최고의 환영식이자,
최고의 어울림이지 않았을까?

길 위의 수집가들

오늘은 17km 동안 레스토랑이나 바르 같은 편의시설 따위는 없는 마의 구간을 걸어야 했다. 그러나 최신정보에 의하면 중간에 바르가 하나 생겼다고 한다. 까리온에서 출발해 슬슬 출출해질 때쯤 과연 소문대로 작은 바르가 나타났다. 바르라기보다는, 컨테이너를 설치한 간이 스낵바였다. 컨테이너 앞 매대에는 음식을 늘어놓고, 야외테이블 위에 양철지붕을 세워, 지친 순례자들이 잠시 쉬어갈 수 있게 해 놓은 곳이었다. 음식은 만족스럽지 않았고, 가격은 조금 비쌌지만 다른 선택권은 없었다. 많은 순례자들도 비슷한 생각인 듯했지만 이곳에서 잠시 쉬었다.

먼저 와 앉아있던 미국에서 온 소녀 에밀리와 애런이 반겼다. 어제 수녀들의 알베르게에서 만나 그림엽서를 선물해 주면서, 급격히 친해진 친구들이었다. 에밀리는 내게 나무지팡이를 보여주었다. 지팡이에는 알파벳들이 새겨져 있었다.

"우와, 이 지팡이 진짜 멋진데?"

"네 이름도 새겨줘! 내가 널 영원히 기억할 수 있게."

알고 보니 지팡이에 새겨진 알파벳들은 그녀가 만난 순례자의 이름들이었다. 나는 나이프를 꺼내 KIM이라는 알파벳을 새겼다. 삐뚤빼뚤해도 마음에 들었다. 이로써 나 또한 에밀리가 언젠가 까미노를 떠올렸을 때 기억나는 한 사람이 될 것이다.

까미노에서 순례자들이 추억을 담아가는 방식을 지켜보는 것은 흥미롭다. 어떤 이는 매일 깨알 같은 글씨로 일기를 쓰고, 어떤 이는 자신의 생생한 목소리를 녹음해서 일기를 대신하기도 한다. 어떤 사람들은 배지나 엽서 등의 기념품을 모으기도 하고, 얼마 전 만났던 독일소녀 앤은 자신의 일기장에 타국에서 온 순례자들의 언어를 수집하기도 했다. 그리고 에밀리의 방식은 지팡이에 순례길에서 만난 친구들의 이름을 수집하는 것이었다.

사람들은 이 길을 오래도록 기억하기 위해 저마다 길 위의 수집가가 되는 것 같다. 사진이든, 글씨든, 물건이든, 기억을 위한 모든 것들을 수집한다. 카메라로 찍는 사진이나 영상은 그 순간을 가장 정확하고 생생하게 기록하는 방법이 겠지만, 직접 쓰는 글은 기계로 다 담을 수 없는 찰나의 생각들이나 디테일을 담고 있다. 어떤 것들은 사소한 에피소드를 떠올리게도 한다. 다양한 수집 방법들이 우리의 추억을 다채롭게 만들고 있다. 문득, 모든 사람들이 각자만의 방법대로 수집한 것을 한꺼번에 전시해도 재밌겠다는 생각이 들었다.

먼저 길을 나서겠다는 에밀리와 애런과 인사를 한 후 드로잉북을 펼쳤다. 드로잉은 순간의 영감과 이야기를 수집하는 나만의 방법이다. 그림을 그리는 동안 그 장면을 오래도록 바라보고 관찰해서인지 나중에 다른 장면들은 희미해져도, 그림 속 장면만은 뚜렷하다는 것이 커다란 매력이다. 이 길 위의 독특한 스낵바를, 에밀리와 애런을, 에밀리의 멋진 지팡이를, 그리고 이 순간을 오래도록 기억하고 간직하고 싶다.

김칫국 드링킹 게임

메세타평원을 걸은 지 5일째가 되었다. 이제야 알겠다. 일정이 넉넉지 않아 까미노의 일부 구간을 뛰어 넘어야 할 경우 어디를 건너뛰어야 하냐고 물었을 때, 반드시 메세타 구간을 점프하라고 조언하던 사람들의 말뜻을.

그 어떤 풍경보다 확장된 시야로, 바다와 같이 드넓은 평원과 하늘을 바라볼 수 있다는 건 정말 특별한 경험이다. 하지만 그늘 한 점 없는 땡볕 아래 하루 종일, 아니 5일 내내 걷는다는 것은 보통 일이 아니었다. 내 어깨를 짓이겨 놓던 14kg의 등짐의 무게도, 발바닥의 감각을 상실케 한 기나긴 걸음도 조금씩 적응이 되어가지만, 살을 태우다 못해 녹여버릴 듯한 태양은 도무지 익숙해지질 않는 것이었다.

간이 스낵바에서 그림을 그리고 있는 동안, 뒤늦게 출발한 수빈이와 혁진이가 왔다. 늦은 아침식사 후 우리는 나란히 함께 걷기 시작했다. 차츰 이야깃거리가 떨어질 무렵 우리는 서로의 이성관에 대해 묻기 시작했다. 남과 여라는

주제만큼 시간가는 줄 모르는 이야기도 없으니까.

"누나는 이상형 같은 게 있어요?"

"음… 글쎄. 이상형은 모르겠지만, 앞으로 누군가를 만난다면 책 한 권을 읽고도 밤새도록 이야기할 수 있는 사람? 그렇게 이야기가 잘 통하는 사람이었으면 좋겠어. 심성은 자상했으면 좋겠고. 너는?"

"저도 그래요. 그런데 저는 예의 바른 사람이 좋더라고요."

"맞아. 그런 걸 보면 그 사람이 어떤 인성을 가졌는지 보이지."

"야야야, 강동원이랑 원빈이 네가 좋대. 그럼 누구를 선택할래?"

"음… 둘 다 내 스타일이 아닌데. 그래도 선택해야 한다면, 원빈!"

우리의 멘탈도, 대화도 점점 산으로 가고 있었다. 이런 이야기까지 한다는 것은 그만큼 이 길이 지루하다는 것을 의미했다. 연예인 둘을 나열하고 그 중에 한 명을 고르는, 일명 김칫국 드링킹 게임이 시작되었다. 정말 고민할 필요도, 단 1의 가능성도 없는 이야기들이었지만, 신중하게 선택하는 데 열을 올렸다. 우리의 김칫국 얼큰한 열기가 식을 줄도 모르고 계속되던 와중, 수빈이가 외쳤다.

"그래? 그러면 거지 원빈, 백만장자 혁진이! 어떡할래?"

"엇…?"

내가 쉽사리 대답을 못하자, 3초간의 정적 후 우리는 일제히 빵 터지고 말았다.

"아, 누나~ 뭐예요!"

"미안 미안! 근데 진짜 내 인생 역대급 고민이었어."

길고 뜨거운 여름날, 아스팔트 위에서만 보았던 아지랑이가 까미노에 피어오르고 있었다. 이글거리는 아지랑이와 함께 우리의 웃음소리도 번져나갔다. 우리가 나눴던 이야기들은 쓸모없는 것들이었지만 그 덕에 한참을 웃느라 태양의 뜨거움도, 길고 긴 메세타의 지루함도 잠시 잊을 수가 있었다. 열심히 걸어온 자에게 보상이라도 하듯 노란 꽃이 만발한 풍경이 나타났다. 두 눈 가득 들어오는 화려한 색채처럼 향긋함이 길 위를 가득 메웠다. 코끝을 찌르는 향기가 잦아들 즈음 길가에 알베르게가 하나 나타났다. 계획대로라면 조금 더 걸어야 했지만, 우리는 함께 이곳에 머물기로 했다.

이런 쓸모없는 이야기들이 없었다면 지루함을 견뎌낼 수 있었을까? 이런 이야기를 나눌 친구들이 없었다면 이 뜨겁고 먼 길을 이겨낼 수 있었을까? 메세타평원을 걸은 지 꼬박 5일째, 이제야 알겠다. 혼자였어도 충분히 걸을 수는 있었겠지만 이 길이 많이 달랐을 거다. 누군가가 내게 했던 말처럼 메세타를 반드시 뛰어넘어야 할 구간으로 기억할 수도 있다. 아무런 기억도 남지 않았을 수도 있다. 하지만 이 웃긴 녀석들 덕분에, 내 머릿속에 이 길은 '거지 원빈 VS 백만장자 혁진이'로 저장되고 말았다.

포기는 또 다른 이름의 용기

"산티아고까지 가려면 너, 지금 상태로는 무리야."

해바라기 밭에서 한바탕 뛰어놀고 나서였다. 지옥에서 올라온 듯한 수빈이의 전언이 내 귀에 꽂혔다. 그 말 속에는 단호함이 배어 있었다.

가끔씩 다리에 통증이 오다가도 곧 괜찮아졌는데, 어제부터 생긴 발목 통증은 도통 나아질 기미가 보이지 않았다. 어린 시절 학교에서 체벌을 잘못 받아 늘어난 발목 인대가 또 말썽이었다. 오래 걷는 날이면 조금씩 기별이 있었는데, 이번에는 아킬레스건에 붙어있는 근육 한 줌을 누군가 악의적으로 잡아당기는 것 마냥 땡땡한 긴장감이 느껴졌다. 수빈이가 그런 나의 변화를 모를 리 없었다. 그녀는 스스로는 물론 주변 사람들의 상태에 섬세히 귀 기울였고, 잔소리 하는 듯하면서도 나보다 내 몸을 더 잘 챙기는 친구였다.

"너 괜히 무리하지 마. 사하군에 가면 레온까지 가는 기차가 있대. 그걸 타고 레온에 하루 먼저 가서, 푹 쉬면서 회복하는 게 어때?"

알고 있었다. 내 다리에 휴식이 필요하다는 사실을. 알고 있었지만 애써 모른 체했다. 누구나 한번쯤 겪는 위기가 내게도 찾아왔고, 애써 외면하던 것을 수빈이가 끄집어냈던 것이다. 스스로의 판단으로는 조금 더 걸을 수 있다고 생각했지만, 그녀는 우리 엄마보다 더 단호했다.

일단 사하군까지는 걸으며 상황을 지켜보기로 하자고 하며 그녀를 먼저 보냈다. 천천히 걸으며 생각해봐도 쉽게 결정이 내려지지 않는다. 떼라디요스에

서부터 사하군으로 향하는 들판에는 노란 해바라기들이 얼굴을 틔워내고 있
었다. 활짝 핀 꽃들이 우리가 이 길을 꽤 오래 걸어왔음을 증명하는 듯했다. 열
렬한 노랑의 향연. 어쩌자고 풍경은 이리도 예쁜 건지….

'더 걷고 싶은데, 걸어도 괜찮을 것 같은데….'

'만약 더 걸었다가 수빈이에게 민폐를 끼치기라도 하면 어쩌지?'

두 가지 생각이 한 치 양보도 없이 팽팽하게 맞서는 듯 했지만 사실 결론은
나와 있었다. 그것은 혼자 온 여행이 아니기에 무리수를 두지 말아야 한다는
것. 잘난 척하고 무모해지는 건 혼자일 때나 가능한 일이었다.

하지만 결론을 따르기 전에, 스스로 납득할 수 있을 만한 감정 정리가 먼저
였다. 정돈되지 않은 마음가짐으로 어영부영 기차에 오른다면, 산티아고로 향
하는 그날까지 가슴 한켠 묵직한 쾌쾌함을 지울 수 없을 것 같았다. 이 감정이

어디서 오는 것인지, 그렇다면 어떤 마음을 먹어야 하는지 그 속을 유심히 들여다보고 꺼내서 잘 다독여주어야만 앞으로도 쭈욱 걸어갈 수 있을 것 같았다.

이야기의 결말을 알아도 최후의 결정이 정해져 있어도 포기한다는 건 정말이지 어렵다. 다른 어려운 도전보다 나의 욕심을 내려놓는 것이 내겐 가장 어려운 일이다. 포기야말로 가장 용기가 필요한 일인 걸까? 포기는 또 다른 이름의 용기인 걸까?

몸의 소리에 귀를 기울여라

복잡한 감정이 정리되지 않은 채, 사하군에 들어서고 말았다. 사하군은 까미노의 시작점 생장에서부터 도착지 산티아고까지 정확히 절반을 가르는 지점이었다. 이곳에서 '반완주증명서'를 받을 수 있다고 며칠 전부터 순례자들 사이에 떠들썩했지만, 그런 것 따위는 안중에도 없었다. 울적한 마음뿐이었다. 아픈 다리를 이끌고 점심시간이 훌쩍 지나 도착한 도시엔 수빈이도 친구들도 없었다.

늦은 점심을 위해 터덜터덜 한 바르로 들어서려던 찰나, 휘둥그레한 눈동자와 눈이 마주쳤다. 그 파란 눈동자의 주인공은 바로 폴이었다.

"킴! 어쩐 일이야!"

영국인이지만 바르셀로나에 살고 있다는 폴은 내게 처음 만난 순간부터 격려와 조언을 서슴지 않는 키다리아저씨 같은 존재였다.

"오늘은 기분이 어때?"

"글쎄, 그냥 그래."

그가 일상처럼 묻는 안부에 늘 "베리 굿"이라고 답하던 내가 심드렁하게 대답하자 이상한 기색을 눈치 챈 듯했다. 무슨 일이냐고 묻는 그에게 나는 선생님께 고자질하는 어린아이마냥 자초지종을 설명했다. 조용히 듣고만 있던 그가 입을 열었다. 사람 좋은 미소를 유지한 채로.

"킴, 네가 여행을 하면서, 그리고 앞으로 삶을 살아 나가면서 기억해야 할 가장 중대한 사실이 있어. 그건 바로 네 몸의 소리에 귀를 기울여야 한다는 거야. 어떤 때 우리는 오늘처럼 13km밖에 걷지 못하겠지만, 적절한 휴식을 가진 후 우리 몸의 컨디션이 100% 회복되었을 때는 얼마든지 더 걸을 수 있어. 오늘 걷지 못했던 몫까지 말이야. 무엇보다 중요한 건 결코 우리 몸의 소리를 무시해서는 안 된다는 거야. 그 소리를 들을 수 있는 건 오로지 너 자신뿐이거든."

폴 또한 컨디션이 좋지 않아서 오늘은 사하군에서 머무를 거라 했다. 그의 이야기를 듣고 보니, 머릿속이 명쾌해졌다. 나는 얼마나 이분법적인 갈등을 하고 있었던 걸까. 노력이나 포기 그런 허울 좋은 이야기들보다 더 중요한 가치는 내 몸이 내는 소리에 있었던 것이다. 인식하지 못했던 더 큰 울타리를 마주하고 나니, 흔들렸던 마음들이 잠잠해졌다. 결정에 묵묵히 따를 수 있을 것 같았다.

나는 레온으로 향하는 기차에 올라탔다. 늘 오랫동안 시야에 머물던 풍경이 창밖으로 빠르게 지나쳐갔다. 창가의 풍경에 울적함도 함께 실어 보냈다. 그리고 그 비워낸 자리에는 내가 향하고 있는 레온이란 도시에 대한 기대감이 차오르기 시작했다.

허용된 게으름

부스럭거리는 소리에 두 눈이 절로 떠졌다. 다시 길을 떠나려는 순례자들이 분주히 짐을 꾸리는 소리였다. 오늘 나는 특별히 짐을 꾸리지 않아도, 서두르지 않아도 됐다. 이곳에서 하루를 더 머물 계획이니까! 다른 순례자들이 바삐 준비하든 말든, 해가 중천에 뜰 때까지 실컷 잘 계획이었다. 그러나 그 호기로운 포부는 머지않아 산산조각이 났다. 아쉽게도 이틀 이상 머무를 수 없는 것이 공립알베르게의 규칙이었다. 10시 전에 이곳에서 나가야 했다. 그리고 나를 받아줄 다른 숙소를 구해야 했다. 늘어놓은 옷가지와 속옷을 배낭 속에 아무렇게나 욱여넣고는 쫓기듯 알베르게를 빠져나왔다.

레온은 대도시다운 풍모를 지니고 있었다. 널찍한 골목, 풍성한 꽃으로 장식된 건물과 창가, 다양한 품목의 상점들. 길도 건물도 모든 것이 큼직하고 다채로웠다. 아직 한산한 거리에는 토요시장이 열리려는 듯 형형색색의 과일들이 테이블 위에 진열되어 있었다. 나는 시장 골목을 가로질러 빵 냄새가 풍기는 거리로 향했다. 배낭 멘 순례자들의 뒷모습을 보니 오늘 걷지 않는다는 사실이 조금 섭섭하기도 했다. 매일 아침 일어나 걷는 것이 일상이 되었는데, 갑자기 관광객 모드가 되려니 무언가 어색하고 허전했다. 하지만 생각해보니, 까미노를 걷기 시작한 이래 한 도시에서 이틀 이상을 머무르는 건 오늘이 처음이었다. 처음으로 공식적으로 게으름을 부려도 되는 날이었다. 그토록 바라왔던 여유로움이지 않은가! 이렇게 된 이상, 제대로 늘어져보는 거다.

가장 먼저 할 일은 가장 먹음직스러운 냄새를 풍기는 카페로 들어서는 것. 숙소를 구하는 것도, 도시를 관광하는 것도 그 다음 일이다. 평소에 먹는 또르띠야보다 2유로 비싼 양상추와 토마토가 두툼하게 들어간 크루아상과 따뜻한 카페콘레체를 주문했다. 커피를 주문하니 작은 크랜베리 케이크가 곁들여 나왔다. 신선한 아침식사를 하고, 커피를 마시며 밀린 일기를 썼다. 나를 위한 작은 사치로 호사로움을 만끽했다. 이 작은 여유에, 오늘 하루가 벌써부터 성공적인 느낌이었다.

문득 지금쯤 열띠게 걷고 있을 수빈이가 생각났다. 어제 저녁 6시, 폭풍우를 뚫고서 아직도 걷는 중이라는 메시지가 그녀로부터 온 마지막 소식이었다. 사람 마음이 참으로 간사하다. 그녀의 안위가 걱정되면서도 한편으론 어제 레온으로 날아온 것이 신의 한수라는 생각이 들었다. 지금 내가 누리는 이 한가로움이 누군가에게는 그토록 간절한 것이겠지. 어제는 내가 걷고 있는 그녀를 부러워했는데, 오늘은 그녀가 나의 게으름을 부러워하고 있을지도 모른다는 생각이 들었다.

그녀의 까미노, 나의 까미노

오후에는 레온에 먼저 와서 요양 중인 승령이, 그리고 기차를 타고 넘어온 혁진이와 재준오빠를 만났다. 우리의 관심사는 수빈이의 행보였다. 오늘 그녀는 45km를 걸어 이곳 레온에 도착할 예정이었다. 우리의 관심이 그렇게 뜨거웠던 건 45km는 정말 만만찮은 거리라는 걸 알고 있었기 때문이다. 만약 까미노를 걸을 때 일정에 구애되지 않는다면, 하루에 25km나 30km정도를 걷는 것이 가장 좋다. 일단 30km를 넘어가기 시작하면 슬슬 발바닥이나 발목에 통증이 찾아

오기 시작하고, 40km를 넘으면 통증 이상의 고통이 찾아온다. 45km를 넘기는 순간 내가 무슨 부귀영화를 누리겠다고 이 짓을 하나, 하는 생각이 든다.

이런저런 이야기를 하며 벤치에서 노닥거리기를 얼마쯤 했을까. 수빈이가 왔다. 두 청년과 함께였다. 온타나스에서 처음 만난 이후, 길에서도 알베르게에서도 자주 마주쳤던 ROTC 청년, 진재와 교환이었다. 순수하고 예의 바른, 좋은 인상을 주는 친구들이었다. 세 사람은 너 나 할 것 없이 처참한 몰골들이었는데, 사실 수빈이의 45km의 행보에는 여섯 명의 남자가 함께였다. 잠시나마 수빈이가 여섯 남자의 에스코트를 받는 생소한 그림을 상상해 보았지만, 현실은 제 한 몸 챙기기도 어려운 지독하고 짠내 나는 서바이벌이었다고 한다. 다른 나머지 셋은 알베르게에 도착해서는 먹으러 나올 힘도 없다고 하니 말이다.

그 어느 때보다도 수빈이가 자랑스러웠다! 남자들에게도 뒤지지 않을 육체적 강인함이 멋졌고, 무엇보다 제 몸 관리를 잘해 늘 괜찮은 컨디션을 유지하는 똑부러짐이 부러웠다. 정말 강하다는 건, 그냥 힘이 세거나 체력이 강한 게 아니라 자신을 잘 돌보는 능력이라는 생각이 들었다. 우리는 흥미진진하게 세 사람이 들려주는 이야기를 들었다. 여기까지 어떻게 오게 됐는지, 얼마나 힘들었는지, 또 누가 힘들어해서 누가 가방을 들어주었는지 등의 일화를 주고받는 세 사람은 꽤 친해진 것 같았다. 늘 수줍고 지나치게 극존칭을 써서 듣는 사람을 숙연하게 만들던 진재와 교환이도 수빈이에게 편하게 짓궂은 농담을 던지는 모습이, 그 사실을 증명해 주었다. 세 사람 사이에 땀과 눈물과 우정이 뒤섞인 무언가가 있었다. 그것은 우정이라기보다 전우애에 가까웠다. 45km의 여정은 욕이 튀어 나올 정도로 힘들었을 수도 있지만, 그 힘든 과정이 만들어낸 끈끈함이 부러웠다.

수빈이와 나는 함께 이 여정을 시작했지만 어느새 우리는 각자의 까미노를 하고 있었다. 우리는 길 위에서 보내는 시간도, 길에서 만든 이야기도, 친해진 친구들도 달랐다. 그녀가 걸은 45km의 여정을 함께하지 못했듯, 나는 그녀의 이야기를 깊숙이 알지 못한다. 전해들은 이야기로 그녀의 시간을 어렴풋이 짐작할 뿐이다. 그녀 또한 나의 시간을 완벽하게 이해하지 못할 것이다.

"우리가 원하는 것이 다를 땐, 각자가 하려는 것을 솔직하게 이야기하고 존중해주자. 나에게도 그렇지만, 너에게도 소중한 여행이잖아."

떠나오기 전부터 몇 번이고 했던 약속이다. 그러나 그렇다고 다른 길을 걸을 것을 의도한 것은 아니었기에 이런 상황이 당황스럽기도 하고, 아쉬운 마음도 들었다. 하지만 그 덕분에 큰 갈등 없이 여행을 지속할 수 있었던 것이 아닐까? 우리의 약속은 제 자신을 위한 날이 선 약속이 아니라, 서로의 배려를 바탕으로 한 따뜻한 약조였다. 그래서 서로의 공간을 존중할 수 있었고, 큰 다툼도 갈등도 없었다.

무엇보다 그녀의 까미노와 나의 까미노는 다른 모습이었지만 우리에겐 공감할 수 있는 교집합이 있었고, 충분히 공유할 수 있는 더 큰 합집합도 있었다.

그리고 그 합집합의 결과가 오늘의 이 자리였다. 수빈이와 나, 승령이, 혁진이와 재준오빠, 진재와 교환이까지. 우리 일곱 명은 열심히 걸어온 스스로에 대한 포상으로 중식 뷔페 레스토랑을 가기로 했다. 한국음식은 아니지만 친근한 아시아요리에, 그 풍성함에, 맛있는 음식에 곁들인 이야기에 몸도 마음도 배불렀다. 오랜만에 겪는 시끌벅적함이 싫지 않았다. 배를 두드리며 나오니, 레온의 거리에는 새파란 밤이 내려앉아 있었다. 그리고 푸른 하늘 위에는 듯 하트모양 구름이 동동 떠있었다. 구름이 하트모양이라니. 흡족한 내 마음을 보여주는 것 같았다.

까미노의 무릉도원

산마르틴(San Martín)으로 향하는 날은 날
씨가 무척 좋았다. 파란 하늘에 피어오른 뭉
게구름처럼 대낮부터 설렘이 뭉게뭉게 피어
올랐다. 그 설렘의 반은 사실 내 손에 들려있
는 맥주 덕분이었다. 수빈이가 오렌지주스를
주문하고 승령이가 콜라를 마실 때, 나는 어
김없이 맥주를 들이켰다.

오늘은 맥주 한 캔을 들고 걸었다. 지독한
갈증 속 맥주 한 캔을 벌컥벌컥 들이켠 후 바
라보는 까미노 풍경에는 사랑스러운 필터가 장착되었다. 한층 사랑스러운 기
분으로 파란 하늘 아래, 끝없는 옥수수밭 사이를 지났다. 반짝이는 날씨라는
표현이 적합할까? 현실보다 더 현실적인 풍경의 선예도에 초현실의 세계를 경
험한 것만 같았다.

맥주 부스터 덕분일까. 12시가 채 되기도 전에 목적지 산마르틴에 도착했다.
마을입구부터 자리한 알베르게의 커다란 표지판이 눈에 들어왔다. 빼꼼, 들여
다본 그곳은 사막의 오아시스. 아니, 까미노의 무릉도원이었다! 까미노를 걷
다 보면 간혹 호텔급 알베르게를 만날 수 있는데 이곳, 산마르틴 알베르게는
초록빛 잔디와 야외테이블부터 수영장과 선베드, 한껏 늘어질 수 있는 해먹,

그리고 친절한 호스피탈레로까지 모든 것을 갖춘 곳이었다. 게다가 이곳은 12 유로만 지불하면 호스피탈레로가 직접 요리한 식사는 물론, 친목의 자리까지 도모해주는 '커뮤니티 알베르게'였다. 2년 전 북쪽길을 걸었을 때 커뮤니티 알베르게에 대한 기억이 너무 좋아서 이곳에서도 찾아다니던 참이었다. 더 고민할 것도 없었다. 먼저 도착한 승령이와 나는 의심의 여지없이 까미노의 낙원으로 들어섰다.

뜨거운 물로 땀과 피로를 털어내고 나와도 2시를 지나지 않은 시간. 일찍 도착한 자의 여유, 그 기분은 이 세상의 것이 아니었다! 이 달콤함을 이제야 맛보다니. 우직하고 순진하게 걷기만 했던 지난날들에 살짝 후회가 몰려올 뻔했다. 선베드에 세상에서 가장 편한 자세로 누워 1유로짜리 과자를 와득와득 씹어먹었다. 아버지와 함께 온 꼬마 순례자는 하늘이 그대로 비치는 영롱한 수영장에 몸을 던졌고, 일광욕을 즐기던 청년 무리는 기타를 퉁기며 노래했다. 우리는 그 사이에서 격렬하게 아무것도 하지 않았다. 그저 순간에 만취했다. 그저 이 무릉도원 속에 나긋나긋이 스며들었다.

플루 할머니의 눈물

부엌에서 따스하고 맛있는 냄새가 새어나오자 제각기 시간을 보내던 순례자들이 하나 둘 모여들었다. 수빈이와 혁진이도 간신히 식사시간에 맞춰 알베르게에 도착했다. 탁탁탁 울리는 경쾌한 도마소리와 끓어오르는 냄비 속 보글거림이 잦아들고, 스태프들은 테이블 세팅을 시작했다. 우리는 어딜 가든 궁지의 한국인, 알바의 민족이었다. 자처해서 테이블을 옮기고 식기를 날랐다. 우리의 일사불란함에 멀뚱히 서있던 타국의 순례자들도 다함께 테이블 세팅을 도왔다. 커뮤니티 알베르게, 그것은 식사 준비시간부터 시작되었다.

우리 테이블에는 연세가 지긋해 보이는 프랑스 할머니와 손녀, 그리고 이탈리아 출신 부부가 마주 앉았다. 이들은 여태껏 한번도 마주친 적 없는 순례자들이었다. 맛있는 식사 자리는 없던 친화력도 끄집어내는 법. 맛있는 요리와 포도주 한 잔의 위력을 빌어 친화력을 유감없이 발휘하려는 찰나, 문제가 생겼다. 그들은 하필 자국어에 대한 자부심이 높은 나라 프랑스와 이탈리아 출신이었다. 그렇다. 그들은 영어를 할 줄 몰랐다. 짧은 영어마저도 무색해지는 순간이었다.

하지만 우리는 포기하지 않았다. 나는 아주 짧은 영어 단어를 던지며 소통을 시도했고, 수빈이는 번역기를 돌렸다. 던진 질문을 이해시키지 못하면 그나마 다행이었다. 그들이 질문을 이해한 후 돌아오는 이탈리아어 대답은 정말이지 혼란 그 자체였다. 나는 대화를 이어갈 힘이 딸려 슬슬 고개를 떨구고 있었는데, 그럼에도 불구하고 수빈이는 계속 이야기하려 노력했다. 그 덕에 플루 할머니와 손녀딸 앨리스는 이번이 두 번째 까미노라는 것, 작년에는 생장에서 레

온까지 걸었고, 이번엔 레온부터 사리아까지 걸을 거라는 사실을 알게 되었다. 앨리스는 그나마 영어를 조금 할 줄 알았는데, 이탈리아 부부와는 손짓 발짓으로 대화해야 했다. 그래도 자식, 손자들, 그리고 친척들이 함께 어울려 노는 대가족 사진을 보여주며 행복해 하셨다.

나는 문득 이 사람들에게 그림엽서를 선물하고 싶다는 생각이 들었다. 그림엽서는 까미노에서 만난 고마운 사람들에게 주려고 준비해왔던 나의 작은 정성이자 선물이었다. 우리와 마주 앉았다는 이유로 열심히 소통하려고 노력해준 이들은 내게 충분히 고마운 존재였다. 또한 그들이 보여준 가족애와 사랑의 기운이 좋았다. 그냥 지켜보는 것만으로도 훈훈함이 차올랐다. 그래서 나는 수줍게 엽서를 건넸다.

"이거 제가 직접 그려서 만든 엽서예요. 선물로 드리고 싶어요."

엽서를 건네받은 이탈리아 아줌마 브루나는 안 그래도 커다란 입을 활짝 벌리며 웃었다. 프란코 아저씨는 이탈리아식 찐한 볼키스를 해주었다. 플루 할머니와 앨리스 역시 놀라는 기색이었다. 그리고 순간, 플루 할머니의 눈에 촉촉한 무언가가 차오르는 것을 보았다. 할머니는 진심으로 내게 고맙다는 말을 전했다. 나는 엽서 뒷면에 그들에게 짧은 편지를 써주었고, 우리의 저녁식사는 순식간에 화기애애해졌다.

언어는 내게 거대한 장애물이었다. 언어가 통하지 않으면 서로를 이해하고 깊은 소통하는 데 어려움을 느낄 수밖에 없기 때문이었다. 이 알베르게에서 처음 만난 우리가 서로에 대해 아는 것이라고는 이름과 가족관계, 단편적인 이야기들뿐이었다. 하지만 이날 플루 할머니의 파란 눈에 일렁이던 물기는 언어로 표현할 수 있는 그 이상이었다. 몇 마디 말보다 더 강렬하게 다가온 웃음과 눈빛이 아주 오래도록 잊히지 않을 것 같다.

커뮤니티 알베르게

순례자전용숙소인 알베르게는
크게 공립, 사립으로 나눠지만

공립 알베르게

사립 알베르게

두둥-

?

특별한 것이 하나 더 있다는 사실!

그것은 바로,

"Comunity Albergue"

커뮤니티 알베르게

2년전, 북쪽길을 걸었을 때의 일이다.
걷다가 지쳐 우연히 찾은 알베르게는

오늘은
여기서
묵어야겠어

엉금

크흑-
내 도가니...

엉금

여 주인장이 직접 요리를 해서
저녁 식사를 대접하는 곳이었고

여러분~?

호탕

모락

식사 시간
이야 ♡

먹음직

순례자들은 풍성하게 차려진 식탁앞에 앉아
주인장의 주도하에 자연스레 친해지는 분위기가
형성되었다.

식사후에는
순례자들이 정리를 하는 것이 규칙이었는데
덕분에 더 친해질 수 있었고

뿐만 아니라 함께 게임을 하거나
이야기 꽃을 피우며 즐거운 시간을 보냈다.

누구 하나 소외되지 않고,
모두 다함께 어우러지는
그 즐거움과 따뜻함에

단 하루 사이에,
가족이 된 것 같았다.

심지어 알베르게는 기부제로 운영되었다.

그곳은 내가 묵은 알베르게중
최고의 알베르게로 기억되었는데

위쵸?

하암쓰

이
테라로움은?

알고보니, 그것을
'커뮤니티 알베르게'라고 한단다.

호스피탈레로의 참여여부,
기부제 운영 여부 등
세부사항은 조금씩 다르지만

알베르게에서
순례자들과 함께 저녁식사를 하며
자연스럽게 커뮤니티를 형성하는 것은 같다!

와인 친잔
걸이니
영어가
술술~

근자감 UP

abc#^
?ef♡-!?

아무말
대잔치

?!
뭐라는거니
아이야...

물론, 프랑스길에서도 몇몇
커뮤니티 알베르게를 만날 수 있었다!

문제의
영어 1도 못하는
이탈리아 부부

손짓

발짓

발짓

혼신의 제스쳐

? ?

까미노에는 일일이 다 말할수 없는
다양한 매력들이 있지만

그림같은 풍경

spain

값싸고
질좋은 와인

열정적인
스페인 문화

WE ARE FRIENDS!

가장 매력적인 것 중 하나는
세계 각국의 다양한 순례자들과
연령, 직업, 문화와 상관없이
친구가 될 수 있다는 점 아닐까?

그것을 도와주는 게 바로
커뮤니티 알베르게란 말씀!

어때? 궁금해지지?
그렇다면 커뮤니티 알베르게에
꼭! 가보도록 하자!

펄럭

펄럭

하하하

고고싱!

=3 =3

오르비고의 아름다운 다리

어제의 그 달콤함을 잊을 수가 없다. 12시가 되기 전 목적지에 도착해서 누렸던 달콤한 게으름 말이다. 20일간 쌓인 피로로 쉽게 눈이 떠지지 않는 아침이었지만, 다시 한 번 달콤함을 맛볼 셈으로 일찍 알베르게를 나섰다. 그런데 그런 생각을 한 건 나뿐만이 아니었나보다. 떠오르는 태양을 등지고 걷다가 문득 앞을 바라보니 익숙한 뒷모습이 보였다. 딱 붙는 검정 레깅스, 나이키 운동화, 괴나리봇짐 같은 배낭, 배낭 양쪽에 매달려 달랑거리는 크록스샌들, 승령이었다. 오늘도 나의 동행은 승령이었다.

산마르틴에서 두 시간을 걸어 도착한 곳은 오르비고(Orbigo). 너무 이른 시간이어서인지 마을은 고요했다. 아침식사를 해결할 바르를 찾아 마을 안쪽으로 걸어 들어가다가 마주한 풍경에 우리는 깜짝 놀라고 말았다. 여태껏 본 적 없는 길고 긴 다리가 두 눈을 가득 메웠기 때문이다. 뒤늦게 온 순례자들도 모두 풍경에 시선을 빼앗기고 말았다. 둥글둥글한 돌이 알알이 박힌 긴 다리는 시선이 아주 멀리 닿는 곳까지 이어져 있었고, 그 끝에는 또 다른 마을이 있었다. 그리고 다리 아래로는 깊고 푸른 강이 흐르고 있었다. 어떻게 하면 이 길고 긴 다리의 아름다움을, 이 아름다운 풍경을 사진에 담을 수 있을까? 찍는 족족 화보가 되는 풍경에 얼마나 셔터를 눌러댔는지 모른다. 우리는 그곳의 아름다움을 담기 위해, 한 장의 인생샷을 위해 오랫동안 다리에 머물렀다.

세상은 기브 앤 테이크

사진을 너무 열심히 찍었나보다. 뱃가죽이 요란하게 진동을 하고 있었다. 무심코 다리 끝에 자리한 레스토랑을 그냥 지나쳐왔는데, 그 후로 한참을 걸어도 식당은커녕 작은 슈퍼마켓도 나타나지 않는 것이다. 그것이 마지막 기회였다는 것을 깨닫는 것은 언제나 지나치고나서이다. 역시 할까 말까 할 때는 해야

하고, 먹을까 말까 할 때는 먹어야 한다. 더 이상 참을 수 없는 지경에 이르자, 가던 길을 멈추고 배낭을 뒤졌다. 유일한 식량은 아껴두었던 컵라면. 언젠가 빵이 지겨워져 뜨끈한 국밥이 생각 날 때 먹으려고, 꽁꽁 숨겨두고 있던 것이었다. 뜨거운 물도 없었고 선택의 여지가 없었다. 승령이와 함께 라면을 생으로 부셔서 허겁지겁 입에 털어 넣었다.

그러나 컵라면은 엄청난 후폭풍을 몰고 왔다. 목에 가뭄이 나는 듯 갈증이 났다. 배고프고 목마르고, 물은 동나고…. 제발 바르가 나타나기를, 아니 작은 수돗가라도 나타나기를 바라면서 걷는데, 어느 골목의 집 앞에서 스페인 할아버지가 우릴 보고 손짓하고 있었다. 손짓을 따라 다가가보니 문이 활짝 열린 공간에서 할아버지가 과일을 건네는 것이었다.

순간 '무심코 먹었다가, 돈 내야 하는 거 아냐?'라는 생각이 들었다. 우리가 우물쭈물하고 있자 과일이 담긴 그릇을 다시 한 번 가까이 건넸다. 의심 반 호기심 반으로 과일을 집어 먹자 할아버지는 인자한 미소를 지을 뿐이었다. 그제야 마음이 놓여 돌아보니, 공간의 특이한 모습들이 눈에 보였다. 테이블 한편에는 음식들이 놓여있고, 벽에는 순례자들의 사진과 엽서들이 붙어 있었다. 굶주리고 목마른 순례자에게 베풀어준 온정에 감사했다. "무챠스 그라시아스" 하며 집을 나서려는데, 할아버지는 잠시 기다리라고 하더니 작고 예쁜 드라이플라워 꽃다발을 우리에게 선물했다. 도대체 뭐하는 사람일까 궁금했다. 나중에 다른 순례자들에게 들어 알게 된 사실은 할아버지는 그저 좋아서 길을 걷는 순례자들에게 호의를 베풀어 오고 있다는 것이었다.

그저 좋아서라니. 순례자라는 이유만으로 이렇게 대가 없는 호의를 받아도 되는 걸까. 그런 호의에 '돈을 내야 하는 거 아냐?'라고 의심했던 나의 얄팍함이 부끄러웠다. 사실 이 길을 걸으며 크고 작은 호의를 받는 일은 꽤 흔한 일이다. 길가에 놓여있는 순례자들을 위한 음식들. 음식을 먹고 자신이 빚졌다고 생각하는 만큼의 금액만 기부하면 되는 도네이션 바르. 길을 알려주고 "부엔

까미노!"를 외쳐주는 사람들. 지나가던 자동차의 운전자들도 순례자를 향해 경적을 울려주고 손을 흔들며 응원하기도 한다. 이처럼 호의와 선의가 가득한 길이 산티아고순례길이다.

언제부터인가 무언가를 받으면 주어야 하고, 주기 전에는 받을 수 있는지를 생각하는 세상의 계산법에 익숙해진 나였다. 그래서 호의를 받으면, 자연스레 의심부터 들었던 것이다. 하지만 이곳은 세속적인 계산법이 통하지 않는 곳이었다. 기브 앤 테이크가 필요 없는, 주는 것도 받는 것도 순수한 곳. 내가 이 길을 마치고 돌아간 세상도 그런 곳이었으면 좋겠다.

순례자의 최후

까미노에는 몇 가지 재미있는 용어들이 있다. 그 중 가장 재밌는 것은 '술례자'. '순례'를 하러 온 게 아니라 '술'을 마시러 온 듯한, 못 말리는 주당들 덕분에 만들어진 용어다. 이런 별칭이 생길 법도 하다. 순례길이 매력적인 점 중 하나는 아무 바르에나 들러 쉽게 신선하고 시원한 생맥주를 마실 수 있다는 점이기 때문이다. 뜨거운 태양 아래 걷다가 마시는 생맥주 한 잔의 청량함은, 평생 겪어보지 못한 종류의 쾌감이었다. 맥주를 무슨 맛으로 먹는지 모르던 내가 맥주덕후를 자처하게 된 것도 바로 이 길 덕분이다. 게다가 우리나라에서는 고급 주류로 분류되는 와인이 1유로부터 시작하고 맛까지 좋으니, 안 먹으면 손해다. 그렇다. 이렇게 지당하고도 훌륭한 이유를 설파하고 있는 나는 자칭 타칭 '술례자'였다. 종교적인 경건함은 부족하다 할지라도, 술을 향한 경건한 마음은 그에 못지않다고 자신한다.

밥은 걸렀어도 맥주는 매 끼니 챙겨먹었던 탓일까. 결국 속병이 나고 말았다. 어제부터 배가 찌릿찌릿 아프더니, 밤이 되자 통증이 심해졌다. 오늘 아침엔 좀 나아지길 바랐는데, 오히려 더했다. 발목이 나아서 좀 살만해지니 이번엔 복통이라니. 평소처럼 일찍 길에 나서긴 했지만, 얼마 가지 않아 걸을 수 없을 정도로 배를 쿡쿡 쑤시며 통증이 심해졌다. 어떤 정신으로 걸었는지 모르겠다. 평소에 그토록 아름다워 보이던 풍경은 보이지 않았고, 비틀거릴 뿐이었다. 더 이상 걸을 수가 없어 벤치가 나타나자 배낭을 베고 드러누웠다. 눈을 감

고 한참을 누워 있다가, 이상한 기척에 두 눈을 떴다.

"킴! 역시 너였구나!"

장난스러움이 가득한 목소리의 주인공은 아렌이었다.

"멀리서도 네 오렌지색 배낭을 단번에 알아봤지! 근데 배낭만 있길래, 킴은 어디 갔지? 하고 생각했는데 가까이 와서 보니, 배낭 뒤에 완벽하게 숨어 있었네! 하하."

아렌은 한껏 신이 나서 개구지게 웃고 있었지만, 나는 언제나처럼 던지는 농담에 도저히 맞장구칠 상태가 아니었다.

"나 지금 배가 너무 아파. 도저히 못 걷겠어."

"그럴 줄 알고 내가 약을 구해왔어."

"이 시간에? 도대체 어디서?"

아침에 고통스러워하는 나를 본 아렌은 약을 구해다 주겠다고 했다. 나는 괜찮다고 손사래를 치며 먼저 떠났다. 그는 마을의 약국을 모두 돌아다녔지만 그 시간에 열려있는 약국은 없었다. 거의 포기할 즈음, 응급센터로 추정되는 곳을 발견했고, 작은 유리 창구를 두들겨 간신히 약을 받아냈단다.

"이걸 먹으면 괜찮아질 거야."

아렌은 푸근한 미소와 함께 약을 건넸다. 장난꾸러기로만 봤는데 이렇게 든든한 면이 있었다니. 이렇게나 따스한 마음을 건네는 친구라니! 그 따뜻한 마음만으로도 씻은 듯이 나을 것 같았지만, 잔뜩 성난 뱃속은 그리 쉽게 잦아들지 않았다. 이것이 때와 장소를 가리지 않은 술례자의 최후였다.

두 개의 마음

계속되는 복통은 도통 나아지지 않았다. 더 이상의 선택권은 없었다. 아스토르가로부터 5km도 채 떨어지지 않은 마을, 무리아스에서 하루를 머물기로 했다. 앞서 가던 수빈이에게 메시지를 보냈다. '여태껏 하던 대로 수빈이가 먼저 가면, 내가 다음날 속도를 내서 합류하면 되겠지.'라고 생각했다. 그러나 수빈이는 나의 만류에도 불구하고 택시를 타고 무리아스로 돌아왔다.

알베르게 앞의 야외테이블에서 점심식사를 하며 수빈이가 말했다.

"너를 혼자 두고 갈 수는 없어."

테이블 위에 널브러져 있던 내가 대답했다.

"네 마음은 알겠는데, 그러지 마. 너의 여행을 방해하고 싶지 않아."

그녀와 나의 의견이 팽팽히 맞섰다. 계속 서로의 의견을 고집했지만, 입장 차이는 좁혀질 기미가 보이지 않았다. 10년 전, 도시락 때문에 얼토당토않은 이유로 다퉜던 이후로 처음이었다. 혼자였다면 별로 문제되지 않을 것들이 '함께' 하다 보니 문제가 되고, 아주 사소한 것들이 이곳에서는 갈등을 일으키기도 한다. 일상에서는 각자의 삶의 영역을 침해하지 않는 개인적인 것들이 이곳에서는 '함께 결정해야 하는 문제'가 되기 때문이다. 서로 배려하려는 마음은 같았지만 두 개의 마음은 반대 방향을 향해 있었다. 결국 나의 고집에 못 이겨 수빈이는 무리하지 않겠다는 약속을 받아내고 나서야 떠났다. 과일이 먹고 싶다는 나를 위해 마을을 샅샅이 뒤져 얻은, 사과와 오렌지 한 알을 남긴 채.

산티아고순례길을 걷고 싶어 하는 사람들이 종종 묻는다.

"혼자 가도 괜찮을까요?"

홀로 걷는 게 어렵거나 힘든 일이라고 생각하는 모양이다. 하지만 의외로, 누군가와 함께 하는 것이 혼자인 것보다 어려울 때가 많다. 가까운 사람일수록 더더욱.

누구나 지나쳐가는 조용하고 평화로운 마을 무리아스에서 수빈이를 보내고 난 내 마음은 평화롭지 않았다. 그녀를 보내고 나서야 문득, 떠나는 녀석의 마음은 어땠을까 라는 생각이 들었기 때문이다. 그녀를 위한다는 명목으로 내 의견을 관철시켰지만, 아픈 친구를 두고 혼자 가는 마음이 결코 편하지 않았을 것이다. 만약 반대상황이었다면 나 또한 절대 혼자 가지 않았을 것 같다. 결국 나는 내 마음 편하겠다고 쓸데없는 고집을 부렸던 거다. 배려 아닌 배려를 하겠다고 우겼던 것이다. 텅 빈 알베르게에 혼자 누워 씁쓸한 마음처럼 쓰디쓴 알약을 꿀꺽 집어 삼켰다. 그리고 무력하게 잠의 나락 속으로 빠져 들었다.

내려놓아야만 알 수 있는 것들

47km. 어제의 몫까지 아주 먼 길을 걸어야 하는 날이다. 다행히 상태가 상당히 좋아졌다. 중요한 순간에 말썽 부리던 발목의 컨디션도 최상이었다. 갓 떠오르고 있는 태양의 온기를 등에 업고 기분 좋은 아침을 시작했다. 오늘 나의 동행은 무리아스에 머무른 아렌이었다. 긴 여정에 동행이 있으니 든든한 기분이 들었다.

유독 기분이 좋았던 까닭은 오늘의 나는 '배낭 없는 순례자'인 것. 내 컨디션을 걱정한 수빈이와의 약속대로 오늘만큼은 '동키 서비스(donkey service)'를 이용하기로 했다. 동키 서비스는 출발 전날 알베르게에 부탁해 5유로 정도를 지불하면, 차량으로 목적지까지 짐을 옮겨주는 서비스다. 라이트한 트레킹을 즐기는 고령의 순례자나 컨디션이 좋지 않은 순례자들이 주로 이용하는 방편인데, 정말 몰랐다. 내가 이 서비스를 이용하게 될 날이 올 줄은!

사실 나는 어떤 상황에서도 이 짐 옮김 서비스를 이용하고 싶지 않았다. 스스로가 충분히 강하다고 생각했다. 그리고 힘든 상황이 오더라도 오롯이 나의 힘으로 이겨낼 거라는 고집이 있었다. 그러나 짐을 내려 놓고 보니 새로운 것들을 알았다. 내가 그동안 얼마나 무거운 것들을 짊어지고 다녔는지. 그리고 그 짐을 덜어 놓는 순간, 내가 할 수 있는 것들, 그리고 바라볼 수 있는 것들의 폭이 곱절 이상으로 늘어난다는 사실을. 무거운 짐을 짊어지면서 배우는 것도 있지만, 짐을 내려놓아야만 얻을 수 있는 깨달음도 있다. 물론 그 무게를 감당

하려던 이제까지의 노력들 없이 쉽게 내려놓았다면, 절대 알 수 없었겠지만.

그럼에도 불구하고 카메라와 보조 배터리, 언제든 노트할 수 있는 일기장만큼은 포기할 수 없었다. 에코백에 바리바리 꾸려 어깨에 둘러멨다. 몇 번을 양보해도 내려놓을 수 없다고 생각했던 것들이다. 그러나 이날 이것들은 단 한번도 사용하지 않았다. 사람은 자신의 욕심을 쉽게 욕심이라고 인정하지 않는 것 같다. 어쨌거나 14kg에 육박하던 배낭을 벗어던진 것만으로도 전에 없던 해방감을 느낄 수 있었다. 몸에 날개를 단 것 같았다. 걸음에는 속도감이 느껴졌고, 몸처럼 마음도 가볍고 상쾌했다.

지금이 아니면 또 언제 하겠어

　예정대로라면 어제 도착했어야 할 폰세바돈(Foncebadon)을 지나, 큰 산을 하
나 넘었다. 높은 언덕에서 내려다본 마을은 어느덧 지붕 색이 바뀌어 있었다.
'스페인은 다갈색 지붕'이라는 공식을 깨는 순간이었다. 프랑스와의 국경에서
시작해 산티아고까지, 스페인의 북부지방을 횡단하는 길이다 보니 여러 지방,
주, 도시를 거친다. 그래서 각 지역마다 다른 특색이 나타나기도 한다. 풍경이
라든지, 사람들의 천성, 그리고 그 지역의 유명한 술과 음식까지도. 이번에는
우리가 걷는 지역이 한 번 더 바뀌었음을, 짙은 회색빛의 지붕이 알려주고 있
었다.

　회색 지붕으로 가득한 마을은 어떤 모습일까? 설레는 마음을 안고 마을로

들어서자 믿을 수 없는 풍경이 나타났다. 마을을 가로지르는 큰 강, 그 강가의 푸른 잔디 위로 수영복 차림의 휴양객들이 한가로운 한때를 보내고 있는 게 아닌가! 바라만 보아도 평화로워지는 장면이었다. 강은 오후의 반짝이는 빛 조각들을 가득 품은 채 물결치고 있었고, 파라솔을 세운 노천테이블들이 강가를 따라 즐비했다. 사람들은 수영복 차림으로 물에 떠다니거나, 다이빙을 했다. 일광욕을 하며 낮잠을 자거나, 맥주를 마시기도 했다. 실제로 이곳, 몰리나세카(Molinaseca)는 현지인들의 휴양지였다. 너무 번잡스럽지도, 너무 조용하지도 않은 평화로움은 단번에 나를 매료시켰다.

강을 발견하자마자 아렌은 한 마리의 물개가 된 것 같았다. 등산화도 벗지 않은 채로 물속으로 뛰어들었다. 매번 느끼지만, 서양 친구들은 어쩜 이리도 물을 좋아할까. 물 만난 물개마냥 대책 없이 뛰어들고 본다. 그 자유로움과 쿨함이 부러워도 내겐 쉽지 않은 일이다. 그러나 이토록 아름다운 마을을 마른 몸으로 지나친다면, 두고두고 후회할 것 같았다. 벌써부터 후회하는 내 모습이 그려졌다.

'그래, 지금이 아니면 또 언제 하겠어!'

후회하지 않겠다는 다짐은 과감함을 불러왔다. 더 이상의 고민을 벗어던지고 강가로 입수했다. 물이 생각보다 차가워 놀랐지만, 웃음이 터져 나왔다. 내 마음은 이미 이곳 몰리나세카에 정착해 있었다.

나에게 건네는 칭찬

몰리나세카에 머물고 싶은 마음이 가득했지만 그럴 수 없었다. 애석하게도, 동키에게 맡긴 나의 짐이 이곳으로부터 5km 떨어진 폰페라다(Ponferrada)에서 내가 오기만을 기다리고 있었다. 그리고 친구들도 있었다. 그들 또한 이곳에 머물고 싶었을 테지만, 내 짐을 맡아주기 위해 먼저 도착해 나를 기다리고 있었던 것이다. 여기에 남겠다는 아렌에게 작별인사를 건넸다. 그리고 조금 더 힘을 내기로 했다.

문이 닫히기 직전, 10시가 다 되어서야 겨우 알베르게에 도착했다. 대규모의 인원을 수용할 수 있는 대형 알베르게였다. 광장처럼 넓은 마당에서는 파티 분위기가 한창이었다. 교회 행사가 있어서 무료로 빠에야를 나눠준 것 같았다. 순례자들은 물론 알베르게 호스피탈레로도 무리를 지어 신나게 떠들고 있었다. 지각생 순례자는 안중에도 없는 듯했다. 구석에서 짜게 식어가던 나를 발견한 수빈이와 친구들이 나를 발견하고는 호들갑을 떨었다.

"야, 왜 이렇게 야위었어?!"

내 생애 야위었다는 말을 처음 들어본 것 같다. 졸지에 한평생 실패하기만 했던 다이어트를 이곳에서 성공하는 쾌거를 이뤄낸 것이다. 문제는 지난 며칠간의 생고생이 얼굴로도 고스란히 드러났다는 점. 다들 안쓰러워 죽겠다는 눈빛을 보냈다. 하지만 상관없었다. 몰골은 더 구리구리해졌지만 난 그 어느 때보다 당당했고, 내 스스로가 대견했다. 아주 잘 해냈어. 훌륭해. 그리고 그것은 나 자신에게 인색하던 내가 스스로에게 당당히 건네는 최초의 칭찬이었다.

후회 없는 사치

기념품을 사는 것을 좋아하지 않는다. 여행을 다니며 많은 기념품들을 사 모은 적도 있지만, 잡동사니 상자에 들어가 먼지가 쌓여가는 것을 보며 결국 내겐 불필요한 것들이었음을 깨달았다. 내게 쇼핑은 사치요, 최고의 기념품은 사진과 기록이라고 여겼다. 그랬던 내가 기념품 가게 앞에 서 있다. 정확히 말하면 까미노 위의 노점이다.

이 노점은 어딘지 모르게 특이한 구석이 있었다. 처음엔 나뭇가지를 이어 만든 아날로그 감성의 가판대에 눈이 갔다. 그 다음으로 노점상 아저씨가 풍기는 거친 예술가의 냄새가 나를 사로잡았다. 가던 길을 멈추고 노점으로 향했다. 무언가에 홀리기라도 한 듯이. 가판대를 찬찬히 살펴보니 팔찌나 목걸이, 동전지갑과 같은 여러 가죽 장신구들이 가득했다. 장신구에는 도자기로 만든 귀여운 가리비 장식이 달려있었다. 가죽을 엮어 만든 것만으로도 좋은데, 가죽에 더해진 수제 도자기 장식이라니! 화룡점정이었다. 도자기 가리비의 아기자기한 색감들은 내가 좋아하는 색들만 모아놓은 것 같았다. 이 모든 것은 아저씨가 손수 만든 것이라고 했다.

기념품을 좋아하지 않지만 손수 만든 것이라면 이야기는 달라진다. 무언가를 손으로 만드는 직업을 갖다보니 그 구석에 마음이 끌린 것인지, 아니면 정말 무언가에 홀린 것인지 모르겠다. 나는 이 노점에서 팔찌와 목걸이를 사느라 40유로의 사치를 부리고 말았다. 무려 이틀치 숙식비였다. 몇날 며칠을 궁상

떨며 아껴온 돈이었는데, 쓰는 건 한순간이었다. 아마 아저씨는 며칠분에 해당하는 매출을 올렸을 것이다. 나처럼 수빈이와 승령이도 신나게 사재꼈으니. 시종일관 무표정하던 아저씨가 보여준 회심의 미소가 그것을 증명해주었다. 그래도 후회스럽지가 않았다. 사치를 부린 후 찾아오는 공허함도 없었다. 아저씨가 그 자리에서 직접 채워준 팔찌를 걷는 동안 몇번이고 바라보았다. 볼 때마다 기분이 좋아졌다. 고개를 크게 끄덕이며 생각했다.

'이 정도면 합리적인 사치였어!'

한번 엮이면 끝까지 가는 거야

낯선 회색 지붕들, 달라진 풍경처럼 길을 걷는 순례자들 사이에서도 새로운 얼굴들이 보였다. 레온부터 걷기 시작한 순례자들이 합류했기 때문이다. 자연

스레 순례자들도 많아졌고 순례자들이 동시에 출발하는 아침 시간대에는 긴 행렬을 이루기도 했다. 동시에 이전에 자주 보던 친구들의 모습은 보이지 않았다. 일부 구간을 걷고 돌아가는 친구들도 있었고, 사람마다 걷는 속도가 다르다보니 하루 이틀 차이로 엇갈려 만날 수 없을 것이었다. 사람이 많아질수록, 더 많은 친구들을 사귈 수 있을 거라 생각했지만 아이러니하게도 관계는 더욱 협소해졌다. 대신 알던 친구들과의 관계는 더욱 끈끈해졌다. 수빈이와 승령이, 그리고 혁진이와의 관계가 그랬다.

  카카벨로스(Cacabelos)를 지나고 있을 때였다. 마을 중심을 관통하는 작은 골목을 걷다가 늘어진 노천테이블들을 보고 있자니, 어쩐지 여기서 맥주를 마시고 있을 누군가의 모습이 상상됐다. 예상은 적중했다. 자타공인 맥주덕후 혁진이가 앉아 있었다. 그 앞에 놓인 빈 맥주잔을 보니, 이미 거하게 한 잔을 들이킨 후였다. 함께 걷던 수빈이와 승령이, 그리고 나는 자연스럽게 테이블에 합류했다. 그리고 혁진이 몫의 가죽 팔찌를 테이블 위에 툭 던졌다.

"옛다, 오다 주웠다!"

촌스럽지만 우리 넷의 우정팔찌와 같은 것이었다. 뜻밖의 선물을 받은 혁진이는 적잖이 감동한 눈치였다. 5 유로짜리 팔찌로 이 정도 감동을 선물할 수 있다니. 혁진이는 이것이 5 유로짜리라는 것을 아직 모른다.

'훗, 역시나 합리적인 소비였군.'

가성비 좋다고 흡족한 미소를 짓고 있는데, 과분할 정도로 고마움을

표하는 것이 멋쩍어져서 우스갯소리 한마디를 덧붙였다.

"뭘 모르나 본데, 기뻐하긴 일러. 들어올 땐 마음대로 들어와도, 나갈 땐 아닌 거 알지? 한번 엮이면, 끝까지 가는 거야!"

그렇다. 이 팔찌의 단점은 한번 채우면 끊어내지 않는 이상, 뺄 수 없다는 것이었다. 그럼에도 혁진이는 웃으며 그 자리에서 팔찌를 채웠다. 초등학생 때 이후로 처음 차본 우정팔찌, 이게 뭐라고 엄청난 소속감이 드는지. 이게 뭐라고 이렇게 든든한지!

수많은 순례자들 사이에서 우리가 더욱 끈끈했던 것은 단순히 같은 나라에서 왔다는 게 전부는 아니었다. 이 길에는 많은 한국인 순례자들이 있었다. 그렇다고 특별한 이유도 없었다. 우리의 유대는 자연스러운 시간 속에서 비롯된 것이었다. 뜨거운 길 위를 함께 걷는 시간 속에서, 매일 반복되어도 한결같이 달콤한 식사 시간 속에서, 하루를 마무리하며 각자가 품은 생각들을 나누는 시

간 속에서, 그리고 오로지 홀로 이겨내야 한다고 믿었던 때 서로를 의지하며 힘내던 시간 속에서. 천천히, 그리고 켜켜이 쌓아나간 것이었다.

이 길에서처럼, 우리는 살면서 수많은 사람들을 만난다. 하지만 그 중에서 의도적으로 꾸며내지 않은, 자신의 민낯을 드러낼 수 있는 사람은 몇이나 될까? 이렇게 짧은 시간에 마치 인생을 농축한 듯한 희로애락을 공유한 사람은? 혹은 굳이 공감대를 찾지 않아도 공감할 수 있고, 같은 경험 속에서도 개인적인 생각을 나눌 있는 친구들은? 사회생활을 시작하며 많은 사람들을 만나왔다. 그런데 언제부턴가 내가 해야 했던 일은 늘 나를 설명하는 일이었다. 나의 좋은 점들을 보여주려고 끊임없이 노력해야 했다. 그렇게 해도 맞지 않으면, 각자의 길을 걸어 나갔다. 득 될 것이 없으면 미련 없이 스쳐지나가는 관계, 철저한 계산 속에서 이루어진 관계였다.

우리가 알게 된 지 20여일, 불과 한 달도 되지 않았다. 하지만 오랜 친구에게도, 연인에게도 보이지 않은 못난 모습을 보여주기도 했다. 이제는 언제 어디에서 무엇을 하고 있을 서로의 모습이 그려졌다. 이상한 관계였다. 팔찌를 채운 손목을 포개며 네 사람은 도원결의라도 할 기세였다. 스물아홉에 우정팔찌라니! 촌스럽긴 해도 마음에 들었다. 우리의 관계도 이와 같았으면 좋겠다고 생각했다. 한번 채우면 뺄 수 없는 팔찌처럼, 한번 엮였으니 끝까지 가는 그런 관계 말이다.

할아버지의
특별한 초대

길을 걷다가
아기고양이들을 만난 날,

무리 지어있던 아기고양이들은 놀랐는지
재빨리 어떤 집의 문 안쪽으로
출랭광쳤어.

앗!
가지마아~

우리는 궁금한 마음에 문 안쪽을 들여다 보다가,

한 할아버지와 눈이 따악-
마주치고 말았지 뭐야.

우리는 무척 놀랐는데,

더욱 놀라운것은,
할아버지가 안으로
들어오라고 손짓을 하는 것이었어!

우리는 낯선이의 낯선곳으로의 초대에
경계심이 들었지만, 한편으론 호기심이 들기도 했지.

의심 반
호기심 반

들어가
보자

언니
믿지?

아니요.

그리고 결국 우린 셋이니까,
낯선이의 초대에 응해보기로 했어.

고양이와 대형견은 알고보니
할아버지의 가족이었고

냐앙-

윤석들!

뀨?

나도
있다능!

할아버지는 우리를 위해
화이트 와인 한잔과 올리브를 내어주셨어.

아니,
이맛은?!

ㄸ디 잉-

머리를
관통하는 맛

쮸륵

입에 대자마자
얼큰하게
달아올라버렷!

와인은 직접 만드신 듯,
거칠지만 진하고 새콤한 맛이었어.

탄오름에
만취

무이비엔!
(very good!)

얼큰

호-굿

생소한 맛이었지만, 흔한 레스토랑이나
식당이 아닌, 현지 가정집에서만
느껴볼 수 있는 맛이기도 했어.

아홉수,
까미노

이 공간은 할아버지의 창고이자
와인을 만들기도 하는 작업장 같았어.

매우 흥미로운 눈으로 작업장을 살펴보던 중,
한 켠에 많은 사진과 편지들이
붙어 있는 것을 발견했는데

오!!!
할아버지
아들이에요?

사진들에는
할아버지의 젊은 시절과
아들의 모습이 담겨 있었어.

그리고 아들 얘기가 나오자
미소를 지어보이는 할아버지.
그 미소는 세상에서 가장 온화한 것이었어.

할아버지의 스페인어를
정확히 알아들을 순 없었지만
우리는 한참을 화기애애하게 이야기를 나눴고.

감사의 인사를 전하고, 다시 길을 나섰지.

할아버지
감사합니다!

건강히
계세요!

그려~

우연히 지나던 길에서
집 안으로 초대받아 선물받은 뜻밖의 호의.

할아버지의 미소로 전해받은
범국가, 범세계적인 가족애

예상치 못한 해프닝이었지만
다스한 선의로 하루종일 기분이 좋았던 날,
할아버지의 그 미소가 아주 오래도록
잊혀지지 않을 것 같아.

불청객이 찾아왔다

여성으로서 산티아고순례길을 걷는 데 가장 큰 어려움은 무엇일까? 피부를 해치는 강렬한 태양? 아니다. 떨어지는 체력? 더더욱 아니다. 내가 아는 여자들은 남자보다 더 잘 걷는다. 문제는 조금 더 본질적인 것에 있다. 그리고 더 큰 문제는 그것이 조절도 타협도 불가능하다는 데 있다.

여느 때처럼 까미노를 걷던 도중, 불청객이 찾아왔다. 그분은 다름 아닌 여성들에게만 찾아오는 골칫덩어리 손님, '생리'였다. 예기치 못한 방문에 놀라며, 휴대폰 캘린더를 들여다봤다. 고된 여정 탓인지 예정보다 빨리 찾아온 것이다. 화장실을 찾아 헤맨 지 1시간째, 손 써볼 틈도 없이 숲속을 헤매고 있다. 알고 보니 오늘의 목적지 오세브레이로(O Cebreiro)는 프랑스길에서 피레네 다음으로 높은 산꼭대기에 있는 마을이라고 한다.

'하… 하루도 조용히 넘어가는 날이 없냐, 어떻게….'

늘 이런 식으로 결정적인 순간에 말썽이었는데, 방심했다. 산티아고순례길에서도 최고의 문젯거리가 될 줄이야. 내가 좋아하는 나무, 향긋한 숲, 산길…. 다 좋은데 왜 하필 지금 이 순간인 것인지 이 상황이 참으로 얄궂었다. 어쨌거나 현재 나의 급선무는 최대한 빨리 마을에 도달하는 것이었다. 그로부터 나의 느닷없고 박진감 넘치는 산행은 시작되었다.

길은 한국의 산길을 걷는 듯 친숙했다. 그 말은 즉, 거친 오르막이 이어진다는 뜻이었다. 오르막과 함께 숨소리도 점점 거칠어졌고, 이마엔 그냥 땀인지

식은땀인지 모를 육수가 쉴 새 없이 흐르고 있었다. 허벅지는 뻐근하고 온몸은 땀으로 범벅된 지 오래였다. 하지만 한시도 지체할 수 없었기에 뒤도 돌아보지 않고 걸었다. 위기는 사람을 강하게 만든다고 했던가. 간절함이 나의 대퇴근에 추진력을 얹어주었나. 10km를 한 시간 반 만에 돌파하는 기록을 세웠다. 다행히 산골마을이 나타났다. 화장실을 다녀온 후에야 한숨을 돌릴 수 있었다. 덕분에 앞서가던 순례자들을 모두 제치기도 했다. 뭐지, 이 저돌적인 여성은? 이라고 생각했을 것이다. 여성으로서 걷는다는 건 말 못할 어려움을 겪기도 하지만, 그 어려움을 해결할 힘을 우리는 충분히 갖고 있다.

산꼭대기 마을의 선물

생리적인 현상을 해결하고 나서 바라본 세상은 한층 아름다웠다. 꽉 막혀있던 숲길은 확 트인 언덕으로 바뀌었고, 길옆으로 내려다보이는 풍경은 온통 푸른빛을 내뿜고 있었다. 푸른 언덕, 푸른 하늘, 푸른 나무들…. 언덕과 언덕이 맞닿아 만들어내는 풍성한 볼륨감은 이전에 없던 생동감을 선사했다. 높은 지역인 만큼 안개가 자주 낀다고 하는데 넓게 퍼진 구름 낀 날씨는 걷기에 최적이었다. 피부에 맞닿는 공기가 꽤 쌀쌀하다고 느껴질 때쯤 산꼭대기에 자리한 마을, 오세브레이로에 도달했다. 푸른 전경이 아름다운, 매력적인 고산 마을이었다.

오세브레이로에 들어서면서 갈리시아 지방으로 넘어왔음을 실감했다. 가게에는 갈리시아 특산 기념품이 즐비하고, 레스토랑에는 갈리시아 지방의 명물 뿔뽀(Pulpo, 문어) 캐릭터가 그려져 있었다. 무엇보다 마음에 드는 것은 갈리시아 수프였다. 칙칙한 국물에 정체 모를 채소가 둥둥 떠다니는 것이, 영 께름칙한 첫인상이었다. 그러나 의심을 가득 품은 채 한 숟갈 떠먹는 순간 구수한 고향의 맛을 느끼고야 말았다. 엄마 생각이 나는 맛이었다. 구수한 시래깃국에

감자를 숭덩숭덩 썰어 넣은 듯한 갈리시아 수프는 이후 최고로 애정하는 음식이 되었다.

저녁식사 후 한껏 부푼 배를 두들기며 나오니 하늘은 작품을 그려내고 있었다. 고생스러웠던 오름질이 빛을 발하는 순간이었다. 1,310m의 고지가 품는 공기층이 달라서인지 하늘은 평소와 조금 다른 색으로 보였다. 푸른 하늘 속에서 겹겹이 쌓인 구름은 긴 행렬을 이뤘다. 이럴 때가 아니지. 가게에서 사온 와인 한 병을 들고 마을 끝자락에 섰다. 스케일이 대단한 영화 한 편을 보듯이, 돌턱에 걸터앉아 어디가 끝인지 알 수 없는 하늘을 바라보았다. 시선이 닿는 가장 먼 곳에서부터 핑크색으로 물들며 오묘한 분위기를 뿜어내고 있었다. 이 아름다움을 놓칠 수 없었다. 이 순간을 영원히 간직하고 싶었다. 에코백을 뒤적거려 팔레트를 펼치고 붓을 들었다. 시시각각 변하는 풍경을 따라잡으려 내 눈과

손은 재빠르게 움직였다. 앞에는 초록색 언덕을 그려 넣고, 그 위에는 하늘색과 핑크색을 물감을 얹었다. 하늘색과 핑크색, 이 두 가지 색이 이리도 잘 어울리는 조합인 것을 처음 알았다.

사람들은 일몰을 보러 몰려들었다. 그림보다 그림 같은 일몰을 바라보며 순례자들은 제각기 따스한 시간을 보내고 있었다. 산꼭대기 마을이 주는 소중한 시간이자 선물이었다.

어둠 속에서 번뜩이는 눈동자

찬 공기가 목에 칼칼하게 감기는 느낌에 번쩍 뜨인 두 눈, 산중 마을의 공기는 서늘했다. 예의상 간단히 고양이세수를 마친 후 나선 바깥세상은 새벽안개로 자욱했다. 옷깃은 금세 축축해졌다. 어둠 속에서 우의를 주섬주섬 꺼내 입고, 헤드랜턴 빛을 의지해 길을 더듬어 나갔다. 안개가 삼켜버린 듯한 산길은 서늘했고 내 간담은 써늘해졌다. 귀신의 존재를 믿지 않지만, 머릿속에서는 자꾸 '전설의 고향'의 한 장면이 제멋대로 상영됐다. 상습적으로 떠오르는 귀신 생각을 떨쳐버리려 억지 콧노래를 흥얼거려야 했다.

'이런 곳에서 귀신이 나타난다면 어떤 복장이려나. 스페인 전통 의상을 입고 올라! 하면서 스페인어로 말을 걸려나?'

억지로 웃긴 생각을 하려는 필사적인 노력에도 불구하고 을씨년스러운 건물이 나타났다. 그 사이로 협소하게 난 길을 지나야 했다. 슬금슬금. 꾸울꺽. 불길한 기운을 감지하고 무심코 올려다 본 계단 위, 어둠 속에서 번뜩이는 두 눈동자와 마주쳤다. 왁! 외마디 비명을 지르며 바라보니 그는 귀신이 아닌, 가브리엘이었다.

"도대체 여기서 뭐하는 거야?!"

"뭐하긴, 교회잖아. 기도 드렸지."

놀라 자빠지는 나를 얼척 없이 쳐다보는 모양새다.

캘리포니아 출신 가브리엘과는 두 번째 만남이다. 지난 저녁, 오세브레이로

의 일몰을 보며 잠깐 이야기를 나눴었다. 그는 생장에서 여동생과 함께 시작해 5일 뒤 그녀는 돌아가고 지금은 혼자 걷고 있다. 3일 거리 간격으로 따라오는 고향 친구들이 있다고 한다. 친구들을 기다리며 오세브레이로에서 이틀 밤을 보낸 그는 원래 하루를 더 있을 계획이었지만 좀이 쑤셔서 뛰쳐나올 수밖에 없었단다. 이런저런 이야기를 하다가 내가 2년 전 북쪽길을 걸었단 사실을 알고는 놀란다. 그제야 나를 제대로 궁금해 하기 시작한다. 찔끔찔끔 새던 수도꼭지 같던 대화의 물꼬가 터졌다.

"나도 언젠가 북쪽길을 걷고 싶어!"

"꼭! 너라면 분명 반해버릴 걸?"

종교적인 이유로 까미노를 찾는 사람도 있지만 트레킹을 좋아해 이 길을 찾는 사람도 있다. 가브리엘이 그랬다. 그는 평소에 트레킹과 마라톤을 즐겨 한다고 했다. 단단한 그의 종아리가 그 말에 설득력을 더하고 있었다.

우리는 국가도 종교도 나이도 달랐지만, 어딘가 닮은 구석이 있었다. 걷는 것을 너무 좋아한다는 것도 닮았지만, 친구와 함께 와서 혼자 걷고 있다는 것도 같다. 대부분의 사람들은 혼자 와서 친구들을 사귀어 함께 걷는데, 우리는 어찌된 일인지 반대로 하고 있다. 친구든 뭐든, 내 길을 간다는 고집이 있다. 그럼에도 불구하고 사람을 좋아한다는 점에서 묘한 동질감을 느꼈다. 어젯밤 그는 좀 쓸쓸해 보였다. 혼자가 가장 편한 척하지만 사실은 포근함을 그리워하고 있었던 게 아닐까. 내가 그랬던 것처럼. 그는 언젠가 뒤에서 오고 있을 자기 친구들을 소개시켜주고 싶다고 했다. 그 친구들은 언젠가 내가 꼭 걷고 싶어 하는 길, 미국의 '퍼시픽 크레스트 트레일(Pacific Crest Trail)'을 걸은 친구들이라고 한다. 이제야 활짝 웃어 보이는, 심드렁한 표정보다 훨씬 근사한 가브리엘의 미소를 보며 그의 친구들이 궁금해졌다.

가브리엘과 이야기를 나누다 보니 어느새 어둠은 걷히고 날이 개고 있었다. 귀신 생각으로 가득하던 내 머릿속도 맑게 개고 물기를 머금은 새초롬한 풍경이 빼꼼, 고개를 내밀었다.

여자 셋, 남자 하나

오세브레이로에서 트리아카스테야(Triacastela)까지 가는 길은 무척 아름다웠다. 높은 곳에서 낮은 곳으로 향하다 보니 푸른 초원이 끝없이 내다 보였고 그 위로는 구름바다가 파란 하늘을 보여줄 듯 말 듯 넘실거렸다. 안개가 벗겨지지 않았으면, 이 대단한 풍경을 놓칠 뻔했다.

트리아카스테야에서 수빈이를 기다리기로 했다. 가브리엘을 먼저 보내고 점심식사를 주문했다. 넓은 접시에 계란프라이 두 개와 산더미처럼 쌓인 감자튀김이 나왔다. 처음 까미노에서 음식을 주문했을 때는, 그 양에 놀랐다.

'이게 한 사람이 먹는 양이라고?'

그런데 이제는 놀랍지도 않다. 늘 그래왔던 것처럼 단 한 조각도 남기지 않고 싹싹 비운다. 야무지게 쎄르베싸 한 잔까지 마무리. 까미노는 사람을 대식가로 만든다.

수빈이와 승령이, 그리고 혁진이가 저 멀리서 손을 흔든다. 잠시 쉬었다가 셋이서 함께 다시 길을 걸었다. 마을을 벗어나자마자 두 개의 까미노 표지석이 나타났다. 길이 두 개라는 뜻이다. 하나에는 'San Xil, 12.53km', 다른 하나에는 'Samos, 19.73km'라고 쓰여 있다. 큰일이다. 먼저 앞서간 혁진이에게 길을 잘못 알려주었다. 사모스가 더 짧은 길인 줄 알고 그리로 가라고 했던 것이다. 조용히 있으면 본전이라도 한다는데, 괜히 아는 척했다가 7km를 더 걷게 생겼다. 별도리가 없었다. 어쩔 수 없이 앞서간 혁진이를 따라 우리도 사모스로 향했다.

길은 차 한 대 지나가지 않는 도로 옆을 지나고, 죽은 듯이 조용한 마을이라고 하기도 애매한 집 몇 채가 모여 있는 동네를 지났다. 그리고 으슥한 숲길이 이어졌다. 범상치 않은 을씨년스러움에 조금의 간격을 두고 걷던 수빈이와 승령이를 기다려 나란히 걸었다. 세 번째 마을이 나타났을 때, 혁진이가 길 위에

누워있었다. 옆에 벤치가 있는데도 꼭 바닥에 누워있는 꼴을 보아 하니 녀석, 자유인이 다 됐다. 까미노는 우리를 대식가로도 만들지만, 땅거지로도 만든다. 왜 여기서 그러고 있냐고 물으니 무서워서 우릴 기다렸단다. 186cm의 거구가 하는 소리가 참 귀엽다. 그래도 여자 셋보다는 덩치 큰 남자 하나가 합류하니 한결 나았다. 벤치에 앉아 마을의 작은 시장에서 사온 과일을 꺼내 먹었다. 한 입 베어 물면 과즙이 뚝뚝 떨어지다 못해 줄줄 흐르는 복숭아와 알이 굵고 단 체리 한 봉지. 대식가 넷이 모였으니 먹어치우는 건 순식간이었다. 장난끼가 발동해 체리 씨앗을 누가 멀리 뱉는지 내기를 했다. 별 것도 아닌데 최선을 다했다. 꾀죄죄한 얼굴로 씨를 멀리 뱉으려고 하관을 내미는 모양새가 영 못났다. 서로의 얼굴을 보고 일제히 웃음을 터뜨렸다.

사모스로 향하는 길이 더더욱 으슥해졌다. 빽빽한 덩굴이 휘휘 감긴 몇 백 년을 살았는지 모르는 우거진 나무 사이를 지나고, 언제 사람이 지나갔는지 모르겠는 길을 걸었다. 그러나 이젠 무섭지 않았다. 더 이상 을씨년스럽지 않았다. 오히려 우리 세상이라는 기분이 들었다. 앞서거니 뒤서거니 걷다가, 나란히 걷다가, 다시 앞서거니 뒤서거니 하면서 걸어 나갔다.

사모스는 작지만 사랑스러운 마을이었다. 마을에 순례자들은 몇 없어 보였다. 사모스로 오던 길처럼 알베르게에도 우리 넷뿐이었다. 먼저 도착한 가브리엘이 추천해준 레스토랑에서 근사한 저녁식사를 했다. 우리가 굶주려서 맛있었던 게 아니라, 하나같이 맛있고 근사한 요리가 나왔다. 가지런히 정돈된 인테리어, 하얀 와이셔츠를 깔끔히 빼입은 웨이터에, 말끔한 차림의 단체손님이 찾아올 정도였으니 작은 마을의 숨겨진 맛집이 분명했다. 레스토랑은 알베르게에서 조금 떨어진 곳에 있었기에, 식사 후 어둠이 내려앉은 조용한 거리를 걸었다. 배도 부르고 와인도 곁들였더니, 몸도 마음도 뭉근히 달아올랐다. 와인의 붉은 색처럼 마음도 진한 빨간색이 된 기분이었다. 흥겨운 기운이 샘솟아 별 것 아닌 일에 거리가 떠나가라 웃고, 어깨동무를 하고 뛰었다. 조용했던 골목은 우리들의 웃음소리로 왕왕 울려 가득 찼다. 이제 우리 넷은 한 팀이 아니라 가족 같았다.

#'미안해' 대신 '고마워'

우리밖에 없는 고요한 알베르게의 리빙 홀에서 맥주를 홀짝이며 각자의 일기를 정리하는 시간을 가졌다. 좋다. 아무 말도 없었지만, 우리를 둘러싸는 공기가 포근하고 다정하다. 문득 까미노의 가족이 되어준 이 아이들을 향한 고마움이 차올랐다. 그러다보니 자연스럽게 서로를 향한 감사함에 대해 이야기하게 되었는데, 처음엔 쑥스러워 쭈뼛거렸지만 곧잘 낯간지러운 말들이 오고갔다. 승령에게는 5살의 나이 차이에도 불구하고 스스럼없이 마음을 활짝 열어 다가와준 것이, 그리고 늘 상쾌한 기운을 나눠주는 그녀의 비타민 같은 에너지에 감사했다. 혁진이는 그저 귀여운 동생으로만 생각했는데, 요리며 설거지며 궂은일을 도맡아하는 배려심에 감사했다. 널찍한 등짝만큼이나 존재만으로도 든든한 친구였다. 그리고 수빈이에게는, 참 복잡했다. 사실 수빈이에 대한 감정을 떠올리면 고마움을 제치고 미안한 마음이 먼저 고개를 내밀었다.

수년이 걸려도 알지 못했던 것을 단 며칠 만에 알게 되기도 한다. 그리고 보면 깨달음에는 물리적 시간이 중요하지 않은 것 같다. 수빈이와 17년을 함께 해도 몰랐지만 단 20여 일 동안 알게 된 깨달음이 있다면, 우리는 많은 부분이 비슷하지만 많은 부분이 다르기도 하다는 것이다.

여행스타일이 비슷하다고 생각했던 우리는 예상 외로 많은 부분이 달랐다. 함께 여행을 안 다녀본 것도 아니지만 4박 5일 정도의 여행과 까미노는 똑같이 배낭을 멘 여행이더라도 전혀 다르다. 또 예전에는 여행스타일이 비슷했어도 세월이 지나며 달라졌을 수도 있고, 까미노에서 각자가 얻고 싶은 것이 달랐을 수도 있다. 그동안 숨 가쁘게 달려왔던 수빈이는 이곳에서 인생의 쉼표를 찾고 싶었을 것이다. 그러나 나는 이곳에서 인생의 느낌표를 찾고 싶었다. 그 느낌표가 뭔지는 모르겠지만, 2년 전의 아쉬움을 그대로 반복하고 싶지 않았다. 눈치를 보다가 기회를 놓쳐버리거나, 스스로에게 솔직하지 못해 하고 싶은 것을 하지 않거나, 혹은 내게 다가온 인연에 최선을 다하지 않은 것 같은 아쉬움들 말이다. 그래서 많은 사람들을 만나고, 내 개인적인 욕심에 충실했다. 그러다 보니 같은 목적지를 향하면서도, 다른 방향을 바라보며 걸었다.

먼저 함께 이 길을 걷자고 해놓고, 개인적인 시간을 더 많이 보낸 것 같다. 수빈이의 감정을 신경 쓰기보다 잘 모르는 사람들을 더 신경 쓴 것 같다. 챙겨주기보다 챙김 받은 게 더 많았다. 그러면서도, 먼저 이해하기보다 나를 이해해주길 바랐던 것 같다. 미안한 마음들이 뭉쳐서 가슴 한켠에 불편하게 남아 있었다. 얼기설기 뭉쳐있어서, 어디서부터 어떻게 풀어야 할지 막막해서 한켠에 두고는 마치 없는 것처럼 외면하고 있었다. 그래서 미안함을 감사로 포장하여 전하기로 했다. 그런데 담담히 마음을 전하려고 한 것이 그만 왈칵, 감정이 솟구쳐버렸다. 맞은편의 수빈이를 쳐다보니 그녀도 울먹이고 있었다. 그녀도 '고마워'라고 건네는 나의 '미안해'를 알아 차렸을 것이다. 처음 이 길을 떠나기로 결심했을 때, 익숙함에 속아 그녀를 당연하게 여기지 않겠다고 다짐했었는데···. 어느새 또 가장 소중한 친구를 당연하게 생각한 것이 속상했다.

"그래도 넌 이 까미노에서 가장 너다운, 너만의 길을 걷고 있는 것 같아."

눈물을 훔친 수빈이에게서 돌아온 대답이었다.

우리는 그간 얽히고설켜있던 마음의 응어리를 풀었다. 어렵다고 생각했던 것이 몇 마디의 진심으로 쉽게 가능한 일이 되었다. '감사함'이란 그렇게 큰 힘을 가지고 있었다. 반대로 마음이 있더라도 표현하지 않으면 작은 오해를 크고 복잡한 갈등으로 만드는 것이었다. 언젠가 이 이야기가 희미해져 같은 잘못을 반복할 미래의 나에게 당부한다. 만약 또 다시 익숙함에 젖어 소중한 것들을 당연하게 여겼다면, 잊지 말고 감사함을 가지라고. 뒤늦게 깨달아도 늦지 않으니 그 마음을 어려워말고 입 밖으로 꺼내서 표현하라고.

영락없는 한국인

'한국 라면 판매합니다.'

사리아(Sarria)에 들어서자 반가운 환영문구가 우리를 반겼다. 한 가게에 고추장, 김치 사진과 함께 위 문구가 유리창에 크게 붙어 있었던 것이다. 한국인 순례자가 얼마나 많았으면! 가끔은 이 길에 한국인이 너무 많아서 신비로운 분위기를 깨뜨리긴 하지만, 이럴 땐 그 덕을 톡톡히 본다. 어쨌거나 한국인의 피가 흐른다면 거부할 수 없는 운명. '여행을 왔으면 그 지역의 음식을 먹어야 진짜 여행이지!'라고 우기던 나도 어느새 누구보다 빠르게 가게 문을 박차고 들어서고 있었다. 부끄러움도 체면도 없다. 얼큰한 국물 생각만 해도 마른 입가에 침이 돌았다. 라면을 하나씩 사들고 나오면서 우리는 세상을 다 가진 사람처럼 기뻐했다.

사리아 시내를 걷다가 며칠 전부터 뽈뽀타령을 하던 승령이가 말한다.

"언니, 그래도 뽈뽀는 큰 도시에, 잘하는 집에서 먹어야 되지 않겠어요?"

그러고는 자기가 미리 알아둔 레스토랑으로 안내하겠단다. 대도시답게 현대식의 건축물들 사이로 골목골목을 걸어 도착한 건물 앞, 승령이가 여기인 것 같다고 문을 가리킨다. 간판도 없는 가게다. 자기도 의심스러운지 고개를 갸웃거린다. 의구심이 더 깊어질 새도 없이, 안으로 들어서자마자 현란한 가위질에 압도되었다. 입구에서부터 요리사는 커다란 냄비에서 사람 얼굴보다 큼지막한 문어를 꺼내 빠르게 가위질을 하고 있었다. 손가락이 잘려나가도 모를 기세로. 그러나 요란한 소리를 내는 화려한 가위질은 생각보다 정확했다. 그 능숙함과 정확함이 '맛집 잘 찾아왔네'라는 생각에 힘을 보탰다.

홀에는 스페인 현지인으로 보이는 몇몇의 어르신들이 앉아 있었다. 우리는 압도적인 대왕문어와 현란한 퍼포먼스를 구경하고, 가게의 손님들은 그런 우리를 구경하는 시츄에이션. 그도 그럴 것이 이곳에서 순례자는 우리뿐이었다. 커다란 배낭을 멘 꾀죄죄한 행색도 압도적인데, 그것도 모자라 한국인 순례자 넷이서.

뽈뽀요리는 우리나라로 치면 문어숙회였다. 삶은 문어를 먹기 좋은 두께로 썰어 동그란 나무접시 위에 올리고, 올리브유를 듬뿍, 그리고 그 위에 매콤한 향이 나는 빨간 가루가 뿌려져 나왔다. 매운 맛은 약간 부족했지만, 그 맛은 고춧가루와 흡사했다. 그 조금의 매콤함도 얼마나 반갑던지! 테이블에 비치되어 있는 고춧가루 한 통을 다 비워버렸다. 문어에 고춧가루를 뿌려먹는 게 아니라, 고춧가루를 먹으려고 문어를 찍어 먹었으니까. 문어의 쫄깃함과 매콤한 마법의 가루, 그리고 맥주의 삼박자는 기가 막혔다. 끼니라기보다는 안주에 가깝긴 했지만, 바게뜨 빵을 함께 먹으니 꽤 배부른 식사가 되었다. 흡족스러운 미

소를 머금고 가게를 나오며 외쳤다.

"이 집 맛집이네!"

여정이 길어지다 보니 어느새 몸과 마음이 따로 놀고 있다. 정신은 현지 문화에 완벽 적응한 순례자, 하지만 현실은 영락없는 한국인의 몸. 내 위장과 혀는 뜨겁고 얼큰한 국물을, 느끼함을 한방에 날려버릴 매운 것을 내놓으라고 아우성이었다. 길이 지루해질 때면 제일 먹고 싶은 한국음식을 차례로 얘기해보자며 뼈해장국, 김치찌개, 곱창볶음, 매운닭발 등을 나열하다가 도리어 괴로워하기 일쑤였다. 피는 물보다 진하고, 한국인의 피는 유럽인의 그것보다 빨간 것이려나. 그래도 몸에는 매콤한 문어숙회를, 배낭 속에는 매콤한 라면을 채워두었으니 한동안은 잘 참을 수 있겠지!

당나귀의 절규

사리아부터는 더 많은 순례자들이 합류한다. 그런데 그 많은 순례자들은 다 어디로 가버린 걸까? 길 위에 낯익은 얼굴은커녕, 새로운 순례자들도 보이지 않았다. 점점 드물어지는 순례자의 모습에 '많은 이들이 순례를 중도 포기하는 것일까?'라고 생각했지만 그 원인은 뜻밖에 나에게 있었다. 늘 많은 순례자들이 출발하는 이른 시간에 일어나던 나의 기상 시간이 늦어지고 있었던 것이다. 넷이서 가족을 이룬 후로 우리가 함께 하는 시간이 늘어남과 동시에 생활패턴

이 비슷해지고 있다. 느긋이 출발해서 느긋이 식사하고, 또 느긋이 걷는다.

　점심에 뽈뽀를 너무 많이 먹어서인지 맥주를 물마시듯 먹은 탓인지 나른함이 몰려왔다. 비슷하게 반복되는 풍경에 감흥은 줄었고, 까미노에 여전히 다른 순례자들은 없다. 수빈이와 승령이, 그리고 혁진이와 내가 적당한 거리를 두고 걷다가 이따금씩 서로의 사진을 찍어줄 뿐이었다. 사진을 찍는 것도 특별한 이유가 있어서는 아니다. 그냥 습관적으로. 어느새 빨리 도착해서 쉬었으면 좋겠다는 생각이 슬금슬금 고개를 쳐들었다. 매일이 아름다울 것 같은 날들 사이에서도, 장마철 장판 아래에 피어나는 곰팡이처럼 지루함이라는 게 피어나고 있었다.

　작은 마을들을 지나쳐 한적한 숲길을 걷고 있을 때였다. 난데없이 어디선가 찢어지는 괴성이 들리더니 그 소리가 급속도로 가까워졌다. 웬 당나귀가 괴성을 지르며 우리에게 돌진하더니 철창 바로 앞에 멈춰 서서 계속 부르짖고 있는 것이었다. 당나귀의 난데없는 이상행동과 괴상한 목소리가 처음엔 너무 웃겼다. 웃음을 터뜨리며 철창을 사이에 두고 당나귀를 계속 지켜보았다. 그런데

그 행동이 몇 분간이나 계속되자, 웃으며 지켜보던 우리는 어느 순간 일제히 얼음이 되었다. 녀석을 찍고 있던 카메라도 내려놓았다. 왠지 이건 그냥 웃기기만 한 상황이 아닌 것 같았다. 웃음이 가신 후 한참이 지나서야, 당나귀도 알 수 없는 절규를 멈췄다.

무언가에 홀린 듯 한참을 바라보다가, 다시 걸음을 옮겼다.

"왜 저러는 걸까?"

"그러니까요. 모르겠어요."

"우리한테 뭔가를 말하려던 것 같지 않아?"

알쏭달쏭한 의문점을 남긴 당나귀의 절규. 당나귀는 왜 갑자기 우리를 향해 달려왔을까? 무엇인가를 이야기하려던 것 같은 외침은 무엇이었을까. '부엔 까미노'라고 인사를 건넸다고 생각하기엔 당나귀의 목소리가 너무 서글펐다. 그렇다면 철창 너머의 자유를 갈망하는 몸짓이었을까? 아니면 아주 오래 전 이 길에서 목숨을 잃었던 순례자의 영혼이 깃들었던 것일까? 아니면 한정된 자유에서 갑갑함을 느끼던 당나귀가 건네는 훈계였을까? 마음껏 걸을 수 있는 자유를 가지고 있으면서, 어느덧 습관처럼 이 길을 걷는 무뎌진 마음에 대한 날카로운 일침이었을까. 좀 더 소중히 이 자유를 누리라고 이야기한 건 아니었을까. 어떤 의미였든 당나귀의 서글프고도 호소력 있는 외침은 많은 생각을 불러일으켰다. 그리고 나에게 이곳에 온 이유를 다시 상기시켰다.

페레이로스(Ferreiros)의 알베르게는 새로 지어진 깔끔한 곳이었다. 깨끗한 건물 앞 풀밭에는 토끼가 뛰어놀고, 순례자인지 여행객인지 모르는 아이들의 웃음소리가 지친 마음을 어루만졌다. 바로 앞에는 주인아주머니의 음식 솜씨가 좋은 작은 식당까지 있었다. 식당에서 눈이 마주칠 때마다 자꾸만 느끼한 윙크를 날리는 아저씨만 빼면, 모든 것이 완벽했다. 알베르게 앞에는 100.757km라고 새겨진 표지석이 세워져 있다. 산티아고까지 짧게는 3일, 길게는 4일 남았다. 영원히 끝나지 않을 것 같던 길이 벌써 저 너머의 산티아고를 가리키고 있는 듯하다. 곧 이 여정이 끝날 거라고 생각하니 벌써부터 섭섭한 마음 한 가득이지만, 마지막까지 최선을 다해 즐겨보자.

우리가 가장 그리워 할 시간

'100km'가 쓰인 표지석이 나타났다. 산티아고까지 100km가 남았다는 뜻이다. 순례자들은 이를 기념하기 위해서 형형색색으로 칠하거나, 자신의 언어로 무언가를 빼곡히 적어놓았다. 다음 표지석부터는 앞자리 숫자가 9로 떨어졌다. 달갑지 않다. 마치 내 나이의 앞자리가 2에서 3으로 바뀌는 것처럼. 줄어드는 숫자는 한국으로 돌아갈 시간이 얼마 남지 않았다는 것을, 이 길 끝에는 서른이라는 숫자가 기다리고 있다는 것을 알려주는 것 같다. 이젠 좋든 싫든 인정해야만 한다. 이 길이 정말 얼마 남지 않았다는 것을.

오늘 나의 까미노 메이트는 비타민 승령이다. 나도 잘 웃는 편이지만, 승령이의 웃음은 정말 싱그럽다. 과일로 치면 복숭아. 보는 것만으로도 기분이 좋아져버리는 상큼함, 때 묻지 않은 무장해제 미소다. 그러나 승령이가 진짜 웃음을 주는 포인트는 순수하면서도 엉뚱한 노련미를 갖춘 모습이었다. 가령 사

진 찍을 때의 능청스러운 표정이라던지, 먹을 때만 나오는 뜬금없는 카리스마 같은 것들 말이다.

"언니. 어때요? 잘 나와요?"

지금도 내 앞에서 사진을 찍어달라고 엉덩이를 쑥 내밀고 있다. 모델 뺨을 가볍게 후려칠 정도로 치명적이다. 이런 모습에 가끔은 정말 나이가 맞는지 민증을 확인하고 싶어진다. 그런 승령이와 함

께 걸으며 얼마나 웃었는지 모르겠다. 끝을 향해가는 이 시점에서 혼자였다면 많이 가라앉았을 텐데, 함께 걸어주어서 얼마나 고맙던지. 명불허전 까미노의 비타민!

이전까지의 다리보다 규모가 크고 더 현대적으로 건축된 다리가 나타났다. 다리 건너에는 하얀 옷에 회색 모자를 쓴 집들이 군락을 이뤘다. 마을이라기보다는 작은 도시 같은, 포르토마린(Portomarin)이다. 날씨가 우중충해서 안 그래도 넓은 강은 그 속을 알 수 없이 더 깊어 보였다. 너무 웃어댄 우리는 화장실이 급해졌다. 이 순간 우리가 걷는 길은 까미노 데 산티아고가 아니라 까미노 데 바뇨(bano). 화장실을 찾기 위해 긴 다리를 지나고 또 다시 좀 더 오래되어 보이는 하나의 다리를 지났다. 두 개의 다리를 지나고 나니, 마을의 끝이었다. 앞길을 보아하니 한동안은 계속 숲길이 이어질 모양새다. 이대로 가면, 까미노의 숲에서 아름다운 풀과 벌레들을 벗 삼아 세상을 향해 생리적인 현상을 해결

해야만 하는 상황이 벌어진다. 뭐 그렇게 무위자연을 경험해 보는 것도 나쁘진 않겠지만, 그냥 다시 마을로 돌아가기로 했다.

까미노 데 바뇨를 찾아 도시의 중심부로 올라갔다. 짧은 거리라도 왔던 길을 돌아가기란 정말 힘들다. 다행히 한 바르를 발견해서 화장실도 가고 점심을 먹기로 했는데, 어느새 잿빛 구름도 걷혀간다. 포르토마린 위에서 바라보는 강의 전경은 물의 도시라는 이름에 걸맞게 아름다웠다. 많은 순례자들이 이 도시에서 머무는 듯했다. 까미노 데 바뇨 덕분에 포르토마린의 진가를 다시 확인했다.

포르토마린부터는 다시 숲길, 불이 난 듯 검게 변해버린 숲길, 그리고 다시 숲길이 이어졌다. 완만한 언덕을 오르니 간만에 탁 트인 풍경도 나타난다. 구름이 많은데 맑은 날씨. 차곡차곡 겹쳐진 구름층이 빽빽하다 못해 완고한, 그러나 시야는 너무 맑아서 저 멀리 산그리메를 시선으로 넘고 넘어도 그 끝을 알 수가 없는 그런 날씨. 시야를 가리는 언덕과 산이 없었으면 우리가 걸어온 레온까지도 내다보일 것 같다. 아스라이 펼쳐진 풍경을 헤아려보며 오랜만에, 오래오래 숨을 가다듬었다.

35km를 걸어 벤타스 데 나론(Ventas de Naron)에 들어서니 먼저 도착한 혁진이가 마중을 나왔다. 알베르게에 체크인을 마치고 바깥을 보니 비가 내린다. 보슬보슬이 아니고, 쏴아아아. 이렇게 시원한 비가 내리는 건 오랜만이다. 빗소리를 들으며 저녁식사 중, 우리의 대화에도 벌써부터 끝에 대한 아쉬움이 배어나왔다.

"나중에 돌아가면, 뭐가 가장 그리울 것 같아?"

"1유로짜리 비노!"

"메뉴 델 디아!"

이런저런 이야기를 던지다가, 이어지는 말에 모두 고개를 끄덕였다.

"걷고 걷다가 길가에 나타난 바르에서 쉬는, 그런 일상들."

길을 걷다가 힘이 부칠 때면 바르에 앉아 맥주로 목을 축이는 것이 당연한 것이 되었다. 혁진이는 식당에서 늘 쎄르베싸 그란데를 외친다. 수빈이는 평소에 좋아하지도 않던 콜라쟁이가 되었다. 승령이는 식사 후에 꼭 아이스크림을 두 개씩 먹는다. 처음엔 낯설었던 것들이 우리의 일상이 되고 습관이 되었다.

푸짐한 순례자메뉴도, 디저트로 먹는 1유로짜리 아이스크림도, 길가의 바르도, 친구들과 매일같이 먹는 푸근한 저녁식사도, 국적도 나이도 다른 새로운 친구와의 만남도…. 이 당연한 듯한 일상들이 곧 끝나는구나. 우리에게 가장 그리울 순간은 거창한 풍경이나 커다란 추억이 아니라, 작고 소중한 일상이었다. 그리고 그런 일상을 함께 공유한 친구들이다.

순례길에서 만난 친구들이 보고 싶다. 장난꾸러기 기타보이 아렌, 길 위의 캘리그라퍼 멜라니, 나의 은인 보이텍, 키다리아저씨 폴, 빨간 헤드폰의 데미안, 외로운 트레커 가브리엘, 순둥이 동생들 진재, 교환이, 태율이와 종민이, 사신이, 성광이. 다들 어디쯤에서 뭘 하고 있을까? 보고 싶다. 벌써부터 이 순간이, 이 순간을 함께 해온 친구들이 그리워진다. 이 길의 종착지, 산티아고에서는 꼭 모두 함께 다시 만났으면 좋겠다.

이 길을 후회 없이 즐기려면?

이 길이 얼마 남지 않았다는 사실이 나를 바짝 조였다. 남은 3일 동안 후회 없
이 즐기려면 어떻게 해야 할까? 도무지 명쾌한 답이 내려지지 않았다. 그저 앞
만 보고 가던 속도를 조금 늦추고 충분히 둘러보기로 했다. 그러던 중 한 가게
를 발견했는데, 깃털과 원석을 달아 세공한 액세서리를 팔고 있었다. 평소에
화려한 귀걸이를 하지 않지만, 히피스러운 장식이 마음에 들어 귀걸이 하나를
샀다. 그 다음으로는 과일을 샀다. 스페인에서는 모든 식료품 및 생활품의 물
가가 쌌는데, 그 중에서도 과일은 굉장히 저렴하고 달콤했다. 좀 더 많이 먹어
둘 걸, 하는 후회를 하며 길가의 상점에서 납작복숭아를 하나 집었다. 그런데
평소에는 여러 개를 사도 1유로 안팎이었던 복숭아가 단 한 개에 1.5유로였다.
그리고 지나치던 바르에는 '음식을 주문한 사람만 화장실을 이용하세요'라고
쓰여 있었다.

산티아고에 가까워질수록 물가가 비싸지고, 가게도 알베르게도 더 상업적
으로 변한다고 하더니. 바르에서 화장실 이용은 물론, 물이 급해 가정집 문을
두들겨도 물은 물론이거니와 먹을 것도 챙겨주는, 호의가 가득하던 길이었는
데 조금 섭섭하다. 어쩔 수 없다. 그만큼 사람이 많아지면서 생겨난 삭막함일
테니. 깐깐한 인심과는 달리 숲길은 한층 더 우거져 멋스러웠다. 키 큰 나무들
이 만들어낸 그늘은 시원하고, 숲의 품은 향기로웠다.

하루에 최대한 많이 걸으려던 우리는 어느새 이 길을 더 아끼고 아껴서 걸었

다. 야금야금 천천히 걷고, 한 걸음 한 걸음 신중히 하고, 우리 앞에 펼쳐진 꼭꼭 씹어 먹듯 음미했다. 그것이 우리가 할 수 있는, 나중에 후회하지 않기 위한 최선의 방법이었다.

열사병을 이겨낸 힘

"킴!"

근처 바르에서 허기를 채우고 알베르게로 돌아왔을 때였다. 나를 부른 건 예상치 못한 목소리였다. 빨간 반바지에 시원하게 탈의한 상체, 그에 안 어울리는 파란 캡모자. 이 독보적인 패션의 주인공은 다름 아닌 기타보이 아렌이었다!

"아니, 이게 누구야?! 너 어디 있다가 나타난 거야?"

나는 반가운 나머지 개구리처럼 폴짝 뛰어올라 그의 등짝을 세차게 때렸다.

오랜만의 재회였기 때문이다. 몰리나세카 이후로 보지 못했으니 6일만의 재회인 셈이다. 매일 길 위에서 지겹도록 마주치는 친구였으니, 그날도 당연히 다시 길에서 마주칠 거라 생각했었다. 그런데 그 후로 3일이 지나고, 5일이 지나도 어찌된 일인지 아렌의 모습은 볼 수 없었다. 그렇게 6일째가 되니 이번에는 이렇게 영영 만나지 못할 수도 있겠다는 생각이 들었다.

'작별인사도 제대로 못했는데….'

그런 그를 멜리데의 알베르게에서 다시 만나게 될 거라곤 상상도 하지 못했다. 아렌은 나와 헤어지던 날 저녁부터 3일간 앓아누웠다고 했다.

"모자를 안 쓰고 걸어서 그런지, 열사병에 걸려버렸지 뭐야. 하하."

"열사병?"

열사병은 체내에 과다한 열이 축적되어 발산되지 못하면서 생기는 병인데, 뜨거운 태양 아래 오랜 시간 걷는 까미노에서 간혹 순례자들이 얻는 병이기도 했다.

놀라움과 궁금증으로 가득 찬 내 눈빛을 읽고, 아렌은 그간의 사연을 털어놓기 시작했다.

"몰리나세카에서 우리 헤어지던 날, 그날 저녁부터 몸이 이상하더니 다음날은 상태가 더 안 좋아졌어. 10km도 채 걷지 못했는데 너무 어지럽더라고. 더 이상은 안 되겠다 싶어서 한 바르에 들어갔는데, 의자에 앉지도 못하고 쓰러지는 걸 한 아저씨가 겨우 잡아줬지 뭐야."

"헐!?"

"그 후로 아무것도 먹지 못하고, 계속 토하고, 어지럽고, 열나고. 3일간 방에서 시체처럼 누워만 있었지. 그렇게 죽은 사람처럼 누워만 있었는데도 정말 죽을 맛이더라."

"정말? 난 네가 아픈 줄도 몰랐어."

"아무튼 이제는 괜찮아! 아주 좋아."

이젠 괜찮아졌다고 말하는 그의 장난스러운 웃음 앞에서 나는 웃을 수가 없었다. 사실은 뜨끔했다. 그날 "나 오늘은 47km를 걸을 거야! 친구들이랑 만나기로 했거든. 너도 괜찮으면 같이 갈래?"라고 말했던 것이 떠올라서였다. 물론 최종 결정은 아렌의 몫이었겠지만, 괜한 제안으로 그를 무리하게 만든 것은 아닌가 하는 생각이 들었다. 그가 47km를 걷지 못하고 몰리나세카에 머물게 되었을 때, 그의 상태를 눈치 채지 못하고 나 혼자 홀연히 떠나버린 것도 미안했다. 강을 발견하자마자 마치 연가시가 물에 반응하듯, 등산화도 벗지 않은 채 물에 뛰어들던 모습, 유난히 붉게 상기된 얼굴, 헤어질 때 평소보다 풀려있던 동공. 그때는 대수롭게 여기지 않던 그의 모습과 행동들이 헝클어진 퍼즐을 맞추듯, 이제야 이해가 되었다.

여러 궁금증이 해결되었지만, 아직 한 가지 이해되지 않는 점이 있었다. 몰리나세카에서 이곳까지는 150km가 되는 거리인데, 3일을 앓아누워 있었다면서 어떻게 여기에 있는 걸까?

"근데 어떻게 여기까지 왔어? 버스 탄 거야? 아니면 기차?"

이어지는 답변에 나는 경악을 금치 못했다.

"아니, 걸어서 왔지. 하루에 50km씩 3일을 걸었거든!"

"50km씩 3일을?!"

트레킹이라고는 해본 적 없는 녀석이 열사병에 걸리더니, 낫자마자 3일 만에 150km를 걸어오다니! 거짓말 같은 일이었다. 왜? 라는 물음에 이어지는 그의 답변에 나는 다시 한 번 놀랐다.

"당연히 너랑 친구들을 다시 보고 싶어서지!"

예상치 못한 답변에 뒤통수를 맞은 것 같았다.

까미노에서는 30일간 다양한 인연들을 만나는 만큼, 이별도 불가피하다. 그리고 그 인연은 예측 불허한 것이었다. 애틋하게 작별인사를 했던 친구와 다음날 다시 마주쳐서 머쓱해지기도 하고, 매일 지겹도록 보던 친구를 어느 순간 보지 못하기도 한다. 작별인사도 건네지 못한 채 영영 못 만나는 경우도 허다하다. 만남도 헤어짐도, 마음대로 컨트롤할 수 없는 인연의 연속이 까미노이다. 그 사실이 때로는 잔인하고 때로는 허무하기까지 하다.

하지만 '다시는 만나지 못할 수도 있다'는 전제가 어떤 순간에는 힘이 원천이 되기도 한다. 적어도 이 길의 아렌에게는 그랬던 것 같다. 우리의 관계가, 그 인연을 지속시키고 싶은 마음이 그를 열사병으로부터 일으켜 세웠고, 3일 만에 150km를 걷게 했던 것이다.

병상에 홀로 누워 사무치게 외로웠을 그의 모습에, 그리고 그렇게까지 힘을 내어준 그의 마음에 가슴이 뭉클해졌다. 오랜 친구를 만난 것처럼 든든하고, 산티아고에 가까워져갈수록 이유 모를 상실감이 조금은 채워지는 느낌이 들었다.

산티아고까지 이틀의 여정이 남았다. 후회 없을 저녁을 위해 우리만의 파티를 벌였다.

두 번째 까미노

산티아고에 가까워질수록 숲은 더 울창해지고 길은 한결 평이해지는 것이, 오랜 여정으로 지친 순례자들에게 심심찮은 위로의 손길을 건네는 듯했다.

"이 길, 요정이 나올 것 같지 않아?"

"네. 언니! 너무 시원하고 좋은데요?"

함께 걷던 승령이도 이 길이 마음에 드는 듯 발걸음이 경쾌했다. 그렇게 숲의 향기, 차분한 그늘에 둘러싸여 반나절을 걷다가 도착한 마을, 살세다 (Salseda).

마을 이름이 크게 쓰여 있는 표지판을 보고 불현듯 떠올랐다. 나에겐 이곳이 처음이 아니었다. 산티아고에 가까워질수록 까미노의 여러 코스들이 합류하기 시작하는데, 멜리데부터 프리미티보길이 합쳐졌으니 엄밀히 따지면 2년 전 프리미티보 길을 걸었던 나는 멜리데부터 이미 한번 걸었던 길을 걷고 있는 것이었다. 살세다는 마을 이름도 독특한데다가, 힘들었던 기억 때문에 이름을 보자마자 떠올릴 수 있었다.

잠시 전 연인과 함께 걸었던 2년 전의 까미노 속으로 젖어들었다. 살세다를 향하던 그날은 45km를 걸어야 하는 일정이었다. 유독 서둘렀던 이유는 산티아고에 다다를수록 물가나 인심이 예전 같지 않았고, 다른 길들이 합쳐지면서 사람이 많아지는 게 싫었기 때문이었다. 그래서 멜리데를 지나고 나서부터는 걸음을 빨리했는데 별 다른 특징이 없는 이 길이 힘들고, 지루하고, 볼 게 없다

는 생각만 가득했다. 그런 생각으로 걸어서인지 살세다에 도착했을 때는 녹초
가 되어버렸다. 겨우 알베르게에 도착해서, 인스턴트 음식으로 배를 채우고 떡
이 되어 잠들었던 기억이, 그 노곤함이 선명히 떠오른다.

한편으로는 이 여정이 빨리 끝나면 좋겠다고 생각하기도 했었다. 그리고 두
번째 까미노에 오게 된다면 그것은 아주 한참 후의 일이라고 생각했었다. 그런
데 뜻밖에 2년이 지난 지금, 나는 두 번째 까미노를 하고 있다. 그것도 한번 걸
었던 이 길을. 새삼스러운 감정이 새록새록 차올랐다.

이 길이 끝나지 않기를

처음이 아닌데 지금의 이 길은 전혀 다른 곳처럼 느껴졌다. 같은 계절, 같은
길인데도 마치 다른 곳처럼 숲의 향기는 더욱 싱그러웠고, 평탄함이 주는 편안
함이 좋았다. 새로운 순례자들을 관찰하는 것도 흥미로웠고, 까미노 곳곳에 놓

인 순례자들의 흔적을 발견하는 것도 재밌었다.

이렇게 다르게 느낀다는 것은, 무언가 변화가 있다는 것을 의미하는 걸까. 그렇다면 그것이 풍경의 변화는 아니었다. 강산이 쉽게 변하지 않듯, 2년 만에 풍경이 달라진 건 아니기 때문이다. 까미노는 2년 전이나 지금이나 여전했다.

하지만 함께 걷는 이가 달라졌다. 여느 여행에서 그렇듯, 함께 하는 사람과의 관계, 또는 상호작용에 따라 그 국가, 그 도시가 최고로 기억될 수도 최악으로 기억될 수도 있는 것이었다. 2년 전 까미노는 최악까지는 아니지만, 여정이 끝날 때쯤 나는 함께하는 이와의 잦은 갈등으로 조금 지쳐있는지도 모른다.

그러나 단지 곁에 있는 사람의 변화가 전부는 아니었다. 생각해보면, 가장 큰 변화는 '이 길이 끝나지 않기를 바라는 나의 마음'이다. 그리고 그 감정적 변화는 나 자신의 변화에서 기인한 것이었다. 그 시절의 나는 높은 곳이 주는 두근거림이 아니면 의미가 없다고 생각했다. 드라마틱한 풍경을 여행이 주는 최

고의 수확으로 쳤다. 그래서 '가장'이라는 타이틀을 찾아다녔고, 어슴푸레한 것들에는 감흥이 무뎠다.

그러나 지금은 '가장 어떠한 곳'보다는 사소한 구석에 감명 받는다. 작은 풀잎 하나도 어여쁘게 바라볼 수 있는 나의 눈과 구름 한 조각에도 미지의 이야기를 읽어내는 엉뚱함, 사사로운 즐거움도 틀림없이 행복이라 여기는 의지. 그런 것들이 모여 이 길을 전혀 다른 세상으로 그려낸다는 것, 몇 년 전의 나로서는 상상도 할 수 없는 일이었다.

까미노가 나를 변화시킨 것인지 나의 변화가 까미노를 다르게 만든 것인지, 무엇이 먼저인지는 모르겠지만 분명한 것 한 가지는 이 변화가 기분 좋은 변화라는 점이다.

산티아고 전야제

까미노를 처음 시작할 때는
하루 하루가 더디게 가더니

아직, 걸은지
3일째라고?!

열흘은 된 줄
알았는데!

언제 800km를
다 걷지...

물론은 이미
톨레스

20일이 넘어가고 부터는
시간이 너무나 빠르게 흘러간다.

나 바빠!
절절 대지마!

시간

이러지 말과
하자! 갑자기왜
뒤도 안돌아보고
가는 거야?

구질   구질

그리고 바야흐로,
산티아고에 도달하기 전 마지막 밤.

이곳은 산타이레네.
산티아고로부터 23km 떨어진 작은 마을이다.

산타이레네의 알베르게에는
수빈, 승령, 혜진이와 나, 아렌, 그리고
세명의 가족이 머물렀다.

240

단촐한 저녁이었다.

친구들은 알베르게에서 제공하는
푸짐한 저녁식사를 즐겼고

나는 왠지 밤이 넘어가질 않아
야외 테이블 한켠에 홀로 앉아 그림을 그렸다.

산티아고가 코 앞인데
화려하기 보다는, 평소와 다름없는 일상이어서
더더욱 실감이 나질 않았다.

혁진이는 마사지를 하고, 아렌은 기타를 치고,
수빈이와 승영이는 빨래를 널면서 키득거리고

산티아고가 코 앞인데
화려하기 보다는, 평소와 다름없는 일상이어서
더더욱 실감이 나질 않았다.

하지만 왠지모르게 평소보다 조금 가라앉은 분위기,
모두 말은 하지 않아도 이 길의 끝을
의식 하는듯 했다.

우리는 거실에 놓여진 피아노를 치며 놀다가
문득, 이유 없는 포옹을 나누었다.

이 길이 끝나는 것이 아쉬운 이유는
정든 친구들과 헤어지기 싫은 마음이기도
했던것이다.

하지만
별 다른 도리가 없었다.

우린 애초에 산티아고에 도달하고자
이 길을 시작했고
그 사실을 받아들여야만 했다.

내일이면 꿈에 그렸던 산티아고,

산티아고를 향하여

"새벽부터 출발하는 게 이렇게 좋은 거였어요?"

바야흐로 산티아고로 출발하는 새벽, 나란히 걷던 혁진이가 뱉어낸 말이었다.

까미노를 걸을수록 피로가 쌓여 최근에는 일찍 일어나는 일이 드물었는데, 오랜만에 새벽 일찍 출발했다. 산티아고에 들어가는 날만큼은 수빈, 승령, 혁진이와 다 함께, 일찍 출발하기로 약속했었다. 아직 세상이 잠에서 깨어나기 전, 조용히 알베르게 문을 열고나오니 피부에 맞닿는 공기가 상쾌하다. 헤드랜턴을 켜고 길을 나선다. 늘 8시 이후에 출발해서 이런 새벽이 낯설다는 혁진이에게 말했다.

"하늘 색깔을 봐봐. 환상적이지 않아?"

"정말요. 일찍 출발하는 게 이렇게 기분 좋은 일인 줄 몰랐어요. 지금이라도 해봐서 정말 다행이에요."

산티아고가 가까워짐과 동시에 서로의 앞길을 빛으로 비추며 발맞추어 나가는 길은 형용할 수 없이 뭉클한 것이었다. 푸른 밤을 걷어내고 유난히 아름다운 일출이 떠올랐다. 오늘의 일출이 더 아름답게 느껴지는 것은, 단출한 한 조각의 토스트와 카페콘레체가 더욱 맛있게 느껴지는 것은, 끝이 가까워져서일까.

산티아고를 향해 걸어가는 순례자들은 다리를 절뚝이거나, 무릎이나 발목을 붕대로 칭칭 감고 있었다. 모두 마지막을 위해 각자만의 싸움을 하고 있는 듯했다. 간혹 이름은 몰라도 길 위의 어딘가에서 보았던 순례자들을 만나면 더없이 반가웠다. '너도 살아남았구나!' 하는 전후생존자들이 느낄 법한 비슷한 감정을 느꼈다. 산티아고를 향해가는 모든 순례자들에게 마음속으로 조용히 응원을 보냈다.

산티아고에 골인하기 5km 전, 아렌과도 다시 만났다. 산티아고가 얼마 남지

않았다는 사실에 조금 상기된 모습을 하고서, 우리는 다섯이서 모두 다 함께 발맞추어 산티아고로 향해 걸어갔다.

늘 꿈에 그리던 목적지. 상상 속에서만 존재하던 도시 산티아고. 그곳에는 마라톤 골인점처럼 그 끝을 알리는 무언가가 있을 거라 생각했었다. 하지만 산티아고에 들어서는 건 생각보다 무감각한 일이었다. 'Santiago de Compostela'라고 쓰인 표지판만이 이곳이 산티아고임을 알릴뿐이었고, 여느 대도시가 그렇듯, 도시 중심부까지는 한참을 걸어야 했다. 그저 늘 걷던 대로 걸었다.

무감각하다가 조금씩 실감이 나기 시작한 건 저 멀리 대성당의 뾰족한 첨탑이 보이기 시작할 때였다. 그 순간부터는 그 뾰족한 첨탑이 노란 화살표를 대신했다. 첨탑을 따라 골목골목을 걸어 들어가는 우리들의 걸음걸이는 빨라졌고, 긴장감이 고조되었다. 그리고 마침내 첨탑 앞에 섰을 때, 순례자들이 모여 있는 광장이 나타났고, 그토록 그려오던 대성당이 모습을 드러냈다. 승령이와 수빈이가 소리를 지르며 달려 나갔고, 나도, 혁진이도 다함께 부둥켜안고 뛰며 세상에서 가장 행복한 비명을 질렀다. 광장은 산티아고에 도달한 순례자들의 환희와 즐거움, 눈물과 아쉬움, 그리고 안도감 등 다양한 감정이 가득 차 있었다.

산티아고 데 콤포스텔라, 길의 끝에서

두 번째 온 산티아고는 전혀 다른 느낌이었다. 특유의 축제 분위기는 여전했지만, 도착했을 때의 감회가 남달랐다. 기쁨과 동시에 울컥하는 감정이 내 안에서 소용돌이쳤다. 결국, 내가 해내다니! 그것도 17년 지기 친구 수빈이와 무사히, 그리고 이 길에서 만난 소중한 친구들도 함께. 더 벅차올랐던 것은 이 감정을 함께 나눌 친구들이 있기 때문일 것이다. 이 길을 걸으며 겪었던 웃기도 하고 울기도 했던 많은 일들이 머릿속을 빠르게 스쳐 지나갔다. 힘들어도 최선을 다했던 순간들이 벌써 지나간 일이 되어 내 마음을 뭉클하게 만들었다.

산티아고에서 지나쳐간 인연들을 다시 만날 수 있었다. 아버지와 함께 걸었던 이탈리아 소녀 마르고. ROTC청년 진재와 교환이. 이탈리아 부부 프랑코와

브루나…. 다시 만나고 싶었지만 끝내 마주치지 못한 친구들도 있었다. 어떤 친구들과는 직접 만나지 못해도 SNS 연락처를 주고받아 소식을 알 수 있었지만, 그 중에는 연락처를 주고받지 못한 친구들도 있어서 무척 아쉬웠다.

어찌되었든 이 오래도록 끝나지 않을 것 같던 여정은 끝이 났다.

"내일 짐을 안 싸도 된다니…."

매일 습관처럼 하던 일들을 그만해도 된다. 이제 땡볕에 걷는 고생이 끝났다. 그렇게 생각하니 개운하기도 하고 섭섭하기도 했다.

오래된 할아버지 같은, 세월과 역사가 묻어나오는 산티아고대성당. 많이 지쳤지만 편안해 보이는, 광장 바닥에 널브러진 순례자들. 골목골목의 기념품샵들. 거리를 울리는 음악과 예술가들. 그 모든 골목을 누비며 나도 함께 산티아고의 활기 속에 녹아들었다. 늦은 밤이 되도록 대광장의 노랫소리와 활기는 사그라질 줄을 몰랐다. 우리는 대광장 바닥에 둥그렇게 둘러앉았다. 늘 먹던 슈

퍼에서 파는 와인과 맥주를 사들고서. 진재, 교환이, 사신이와 성광이, 종민이도 함께였다. 까미노에서 자주 함께 어울렸던 친구들과 둥그렇게 둘러 앉아 이 긴 여정에 대해, 그 끝에 대해 이야기했다.

이 여정이 끝이 났는데, 나는 내가 원했던 느낌표를 만들었을까. 잘 모르겠다. 인생을 뒤집는 대단한 깨달음 같은 것도 없는 것 같다. 하지만 이 짧지만 긴 여정을 걸으며 순간순간 작은 깨달음들을 얻었다. 천천히 걸어도 빨리 걸어도 포기하지 않으면 결국에 목적지에 도달하게 된다는 사실. 여전히 누군가와 함께 하는 건 어렵다는 것. 그럼에도 불구하고 혼자서 외롭게 싸우는 것보다 함께하는 것이 훨씬 강하다는 것. 잘못된 선택이나 잘한 선택이란 건 없다는 진리. 오로지 그 선택을 믿고 받아들이고 만들어가는 내가 있을 뿐이라는 깨달음들….

내가 알게 된 이 작은 깨달음들은 인생을 대단하게 뒤바꾸지는 않을 것이다. 하지만 어떤 순간에도 쉽게 실망하거나 절망하지 않을 체력과 마음의 힘을 얻었다. 까미노를 걸었던 순간이 영원히 내 안에 남아, 살아가는 데 있어서 문득문득 그 깨달음들을 일러줄 것 같다. 중요한 삶의 무기를 얻었다.

화려하진 않지만 잔잔하고 형형히 빛나는 산티아고의 밤이 그렇게 흘러갔고, 우리는 늦은 밤까지 잠들지 못하고 이야기를 나눴다.

치욕의
피스테라

산티아고 데 콤포스텔라
성 야곱의 유해가 묻혀 있는 곳
즉 모든 산티아고 순례길은 '산티아고'를 향해 걸지만,
산티아고에서부터 시작하는 길도 있다.

그 것은 세상의 끝이라 여겨졌던
피스테라(Fisterra)로 향하는 길.

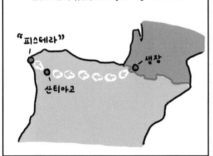

피스테라에는 0km라고 새겨진
비석이 있는데다가

산티아고를 거쳐 이곳까지 순례를 한 순례자들은
자신이 여지껏 짊어지고 온 짐을 태우는 의식을
치르는 곳이라 더욱의 미쳤는 곳이기도 하다.

모든 것을
태워

비우고
돌아가기

그래서 우리도 가보기로 했다.

산티아고에서 피스테라까진 100km정도로
시간적 여유가 없는 우리는 버스를 탔다.

근 한달만에
타는 버스로군-

현 자

타잉

당일치기
고고싱!

=3 =3

피스테라 도심에서 0Km표지석이 있는
등대까지는 약 40분을 걸어야 하는데

이왕 이렇게 된것,
어쩔수 없군-
최후의 수단을 쓸수밖에!

시간의 여의치 않은 우리들은
히치하이킹을 시도하기로 했다.

그러나 상황은 녹록치 않았다.
온갖 용기를 끌어모았지만,
차들은 나를 무참히 지나쳐 버렸다.

그런데 승령이가 엄지를 치켜드는 순간,
놀랍게도 쌩쌩 달리던 차가 기적처럼 멈춰 섰다!

우리는 기쁜 마음으로 피스테라에 도착해
짧지만 강렬한 시간을 보냈다.

등대에서 돌아오는 길,
막차 시간이 아슬아슬해서 승령이가 알려준
노하우대로 다시 한번 히치하이킹을 시도!

그러나,
이번에도 결과는 같았다.

누나 완전 굴욕이네요!
쉬이익-

처음엔 아무생각 없었는데,
혁진이의 놀림에 치욕스러움을 맛보았고
이 상황에 우린 모두 한참을 웃었더랬다.

하지만 그 웃음도 잠시,
우리의 히치하이킹엔 큰문제가 있었는데

그런데 미안하지만
3명만 태울 수있어,
자리가 부족해!

알아서
타요봐!

비극 영화보다 더 비극적인 상황에
우린 갈등했지만, 갈등할 시간조차 없었다.

그리고 결국,
혁진이를 두고 가야만 했다.

미안해
혁진아!

잘지내~!
고마워!

언능 쫓아갈게요!

영원히 헤어지는 거 아니잖아요!

사실 막차시간이 10분도 안남은 상황이라
그가 달려서 제시간에 도착하리란 기대는
하지 않았고, 피스테라에서 하루를 어찌
보내야 할지 대책을 세우려는 찰나

버스정류장 도착

혁진이가 나타났다!
그리고 그 때는 버스가 출발하기 1분전이었다!

우리는 놀라움에 부둥켜 안고
재빨리 버스에 올라탔다.

땀을 비오듯 쏟아내던
혁진이의 희생과 극적인 마라톤은
한편의 인생드라마를 본 것처럼 감동적이었다!

연속 5번의 히치하이킹 실패가
치욕스럽기는 했으나

우리에게 피스테라는
눈물과 땀으로 범벅된 감동으로 기억 될 것이다!

우리가 지켜야할 까미노

(feat. 까미노 예절 4가지!)

1 공용공간에서 타인 배려하기
알베르게의 도미토리, 부엌은 다함께 쓰는 공간.
단체로 냄새나고 오래걸리는 음식을 하면서
공간과 식기를 독점하지 말것.

한국인은 역시 삼겹살!
삼겹살 지글지글
10인분
와자
와자

2 알베르게 취침시간 준수하기
순례길에 왔으면 순례길의 법을 따르자!
이곳은 일반토스텔이 아니다. 정해진 시간과
규칙을 지켜 타순례자들에게 폐끼치지
않기

칼칼칼
하하하
이게 여행의 재미지~

고성방가
진=상
솔파티

**3 이른시간 짐쌀때는 짐을 들고
가지고 나와서 쌀것!**
모두 일어나는 시간이 다른 공동생활공간이기에
최대한 소음을 자제하고 배려하기

나눙야 일찍일어나눙 어린이~
부시럭
부시럭
쿵쿵
현시각 5:00 AM

4 흔적 남기지 않기.
쓰레기 버리지 않는 것은 기본! 낙서나 흔적을
남기지 않도록 조심하자. 특히 아무리 좋은 뜻이라고 해도
유서깊은 건축물, 종교적으로 의미있는 곳에 함부로
흔적을 남기지 말것!

헤헤~
기념 해야지~
보통 모르고 저지르는 경우가 많다
모두를 위한 까미노
좋은게 다 좋은 것이 아님

까미노를 사랑하는 만큼,
우리스스로가 까미노를 지키자규♡

해외에서 우리는
개개인이 작은 외교관!
잘합시다!

산티아고에
내가 찾던 정답은 없었다

꿈만 같은 여정이 끝이 났다

인생의 느낌표를 찾으러 떠난
산티아고 순례길,

그러나
산티아고엔 기대했던 정답은 없었다.

또한, 매순간이
아름답기만 한 것도 아니었다.

하지만,
포기하고 싶은 고난 속에서

뜻밖에 선물 받은
호의와 베품 속에서

끈덕진 우정 속에서

이거슨 우정 아닌, 전 우 애

예상치 못한 아픔 속에서

그리고
친구와 서로 호흡을 맞춰가는 과정 속에서

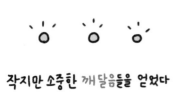

작지만 소중한 깨달음들을 얻었다

알고보니
'산티아고'가 아닌, '길 위'에
'대단한 순간'이 아니라, '단순한 일상 속'에
무수한 깨달음들이 존재했던 것이다.

까미노에서의 일상은 어쩌면
너무나도 원초적이고 소탈한 하루하루였지만

먹고

널고

싸고

자고

걷고

그 원초적인 일상 속에서 비로소
사소하지만 단단한 행복들을 발견할수 있었다.

이런게
행복이구나!

잇힝

거창하거나
대단하지 않아도
충분히 행복할수
있구나!

쓰이

이잉

어느새
뽕구처럼
울고 있는 나 ♡

머리보다는 몸!

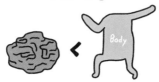

Body

그리고 그것은,
골똘히 고민하는 시간보다
몸으로 부딪쳐 더욱 살뜰히 다가오는 교훈들이었다.

29

스물 아홉, 그리고 서른.
여전히 나는 안정적이지 못하다.

30

하지만 이제는 조금 알 것 같다.
이제껏 등한시 해왔던
내 마음의 소리에 귀 기울이는 법을.

지긋이

내가 하고픈 것은
이것이구나.

난 이럴때 행복한
것이구나.

눈치보며 외면해왔던
내 행복을 따르는 법을.

일반적인 길

무엇보다
이게 중요하다는
걸 알았지!

조금 다르면 어때?

나만의 행복

POWER 당당 워킹

그렇다면,
정답은 찾지 못 했어도
해답을 만들어갈 힘을 갖게 된 건 아닐까?

그래서 난,
이 인생이란 까미노의 끝에는
어떤 '산티아고'가 기다리고 있을지는 모르겠지만

이 작은 깨달음들이 모여 만든
나만의 노란화살표를

믿고, 따르고, 여지없이 즐기기로 했다.

모두가 외쳐주었던 '부엔까미노'를
마음 속 깊이 새기면서!

까미노 프란세스 지도

아홉수, 까미노

초판1쇄 2019년 6월 12일 **초판3쇄** 2022년 4월 11일 **지은이** 김강은 **펴낸이** 한효정 **편집교정** 김정민 **기획** 박자연, 강문희 **디자인** 화목, 이선희 **마케팅** 유인철, 이산들, 안수경 **펴낸곳** 도서출판 푸른향기 **출판등록** 2004년 9월 16일 제 320-2004-54호 **주소** 서울 영등포구 선유로43가길 24 104-1002 (07210) **이메일** prunbook@naver.com **전화번호** 02-2671-5663 **팩스** 02-2671-5662 **홈페이지** prunbook.com | facebook.com/prunbook | instagram.com/prunbook

ISBN 978-89-6782-090-9 03920

값 15,000원

이 도서의 국립중앙도서관 출판예정도서목록(CIP)은 서지정보유통지원시스템 홈페이지(http://seoji.nl.go.kr)와 국가자료공동목록시스템(http://www.nl.go.kr/kolisnet)에서 이용하실 수 있습니다. CIP제어번호 : CIP2019021008